DENISE LINN

SACRED FOREST

ORAKEL DES HEILIGEN WALDES

Begleitbuch zu den 52 Karten

Schirner Verlag

Wir verzichten auf das Einschweißen unserer Kartensets – **UNSERER UMWELT ZULIEBE!**

ISBN 978-3-8434-9187-7

Denise Linn
Sacred Forest
Orakel des heiligen Waldes

Birkenweg 14 a, 64295 Darmstadt
E-Mail: gpsr@schirner.com

Titel der Originalausgabe:
The Sacred Forest Oracle by Denise Linn
Text ©2021 by Denise Linn
Originally published in 2021 by Hay House Inc. US

Box, Karten & Anleitung: Anna Twele, Schirner,
unter Verwendung von Bildern von Scott Breidenthal sowie
#686523019 (©Don Pablo) & #1333306310 (©Srininivas
jadlawad), www.shutterstock.com
Illustrationen: Scott Breidenthal,
www.scottbreidenthal.com
Übersetzung: Rudolf Scholz, Schirner
Lektorat: Bastian Rittinghaus, Schirner
Druckproduktion: Ren Medien GmbH, Filderstadt
Printed in Czech Republic

www.schirner.com

3. Auflage November 2025

INHALT

ÜBER DEN SACRED FOREST

Dieses Kartenset ist ein lang gehegter Traum.

Meine spirituelle Entwicklung nahm ihren Anfang nach einer Nahtoderfahrung, die ich im Alter von 17 Jahren machte. In den Tagen nach diesem traumatischen Ereignis begann ich, eine beeindruckende innere Welt wahrzunehmen. Wann immer ich mich in der Natur aufhielt, bemerkte ich eine weitere Dimension, die von Licht und Klang erfüllt war. Jeder Grashalm leuchtete und gab einen sanften Ton von sich. Alles Gras zusammen hörte sich an wie der hohe Gesang tausend kleiner Mönche. Bäume glitzerten, jedes Blatt schimmernd, und dröhnten tief und klangvoll. Als ich mich auf diese Erfahrung einließ, die Frequenzen und Energien der Welt wahrnehmen zu können, wurde mir die Schwingung eines mystischen und heiligen Waldes bewusst, der sich in einer anderen Dimension befand: des Sacred Forest.

Obwohl ich ihn nicht sehen konnte, wusste ich, dass dieser Wald wirklich war … und er war mir nahe, das konnte ich fühlen. Ich fragte mich, ob auch andere Menschen vor mir schon genau diesen Wald bemerkt hatten. Vielleicht hatten diejenigen, die die Mythen und Legenden des tibetischen Shambala, der Nebel von Avalon oder auch der Traumzeit der Aborigines aufzeichneten, einen Blick auf ihn werfen können.

Inmitten dieses Waldes entdeckte ich nach einiger Zeit eine besondere Wiese, die Heilung und Ausgeglichenheit versprühte. Ich war von diesem Ort so verzaubert, dass ich meine Tochter Meadow, englisch für »Wiese«, nach ihm benannte. Als ich ihr diesen Namen gab, hatte ich noch nie von jemandem gehört, der ihn trug.

Ich fing damit an, in meinen Meditationen wieder und wieder diesen Wald, insbesondere die Wiese, aufzusuchen. Nach jeder Rückkehr aus jener heiligen grünen Welt in die bewusste Wirklichkeit fühlte ich mich mit neuer Energie aufgeladen. Der Wald war mir gleichermaßen Heiligtum und Rückzugsort, und ich fragte mich, ob er dieselbe Wirkung auch auf andere Menschen haben würde.

Auf meinem weiteren spirituellen Weg hielt ich Seminare, bei denen ich die Teilnehmer auf eine innere Reise zu meinem Zauberwald einlud. Während der Meditationen besuchten sie manchmal die heilige Wiese, manchmal folgten sie den Pfaden, die kreuz und quer durch den Wald führten. Ich erzählte ihnen nicht, dass sie sich inmitten eines mystischen Reiches befanden. Alle Teilnehmer glaubten, dass sie einer gewöhnlichen geführten Fantasiereise folgten.

Im Laufe der Jahre erhielt ich jedoch Zehntausende von Briefen und E-Mails von Menschen, die nach den geführten Meditationen in den Sacred Forest Heilung erfuhren. Zum Beispiel erreichte mich kürzlich eine Nachricht von einer Frau, bei der nach einer meiner Veranstaltungen ein Operationstermin anstand. Sie schrieb, dass sie sich nach der inneren Reise in den Heiligen Wald gestärkt und erneuert gefühlt habe. Einige Tage später, während der Kontrolluntersuchungen vor der Operation, habe der Arzt ihr mitgeteilt, dass ihr Tumor verschwunden sei und sie die Operation nicht mehr benötige. Ihr erschien es wie ein Wunder.

Ich habe dieses Kartenset so entworfen, dass jede einzelne Karte einen Zugangspunkt in den Sacred Forest, dieses besondere Reich der Heilung, darstellt. Wenngleich niemandem, der sich auf diese inneren Reisen begibt, ein bestimmtes Ergebnis garantiert werden kann, so würden doch viele, die es taten, die mystischen und heilsamen Kräfte bestätigen.

Auf den nächsten Seiten erfährst du, wie du die Tore in die transformierende Welt des Heiligen Waldes öffnen kannst.

Denise Linn

GESCHENK DER AUTORIN

Wenn du Englisch verstehst, stehen dir für die Vertiefung deiner Arbeit mit dem »Orakel des Heiligen Waldes« 53 geführte Meditationen von Denise Linn als kostenloser Download zur Verfügung. Diese Meditationen unterstützen dich zusätzlich dabei, dich auf die pulsierende Energie einer jeden Karten einzustimmen.

Um die Dateien herunterzuladen, besuche die Webseite www.hayhouse.com/download, registriere dich, und gib dort in den Feldern »Product ID« und »Download Code« folgende Angaben ein:

- Product ID: 452
- Download Code: audio

Bei Fragen rund um das Download-Angebot wende dich bitte an: www.hayhouse.com/contact.

REISE IN DEN HEILIGEN WALD

ENERGIEPORTALE IN EINE HÖHERE DIMENSION

Am Rand des Geistes wartet die heilige Wildnis der Seele. Sie lockt dich wie ein großer Wald voller erstaunlicher Rätsel und Wunder. Obwohl diese mystische Welt in einer höheren Dimension jenseits der alltäglichen Wirklichkeit existiert, ist sie dennoch real. Wir können sie zwar nicht mithilfe unserer Augen sehen, aber wir können sie in unserem Innersten spüren. Um den Heiligen Wald zu betreten, müssen wir nur unsere Herzen öffnen.

Wenn wir uns mit unseren irdischen Augen in der Natur umsehen, erblicken wir vielleicht Orte, die gewöhnlich oder gar bescheiden aussehen. All das wird jedoch überlagert von einer Zauberwelt: einem mystischen Wald, der erfüllt ist von emporsteigenden Lichtschimmern, der umgeben ist von gewaltigen Gipfeln und majestätischen Türmen. Die Energie dieser Welt leuchtet im Sonnenlicht in einem vielfarbigen Regenbogen auf. Die Hüter des Landes, die du noch kennenlernen wirst, wachen über die feinen Energiefelder aus Licht und Klang.

An diesem heilsamen und heiligen Ort wirst du lang gesuchte Antworten auf deine innersten Fragen erhalten. Hier erwacht uralte Weisheit. Zusammenhänge deiner Zukunft werden offenbar. In dir schlummernde Talente und Fähigkeiten werden aktiviert. Es ist ein verzauberter Ort, an dem sich Wunder entfalten und deine Seele fliegen kann. Hier im Heiligen Wald wirst du tatsächlich wieder erkennen, wer du eigentlich bist.

UNSERE VERBINDUNG ZUR NATUR

Wo auch immer du lebst, sei es im Herzen einer Großstadt oder in der Abgeschiedenheit einer ländlichen Oase, in dir wohnt eine mit den Vorfahren verbundene Seele, die noch immer weiß: Du bist eingebunden in die Natur und im Austausch mit den Naturgeistern. Es ist wichtig, dir bewusst zu machen, dass die Naturgeister nicht von der Natur getrennt existieren. Sie sind in den Wurzeln und Zweigen der Bäume, in den Felsen und Steinen, in den Wasserfällen und Flüssen und im Wind. In dir trägst du die Erinnerung deiner Vorfahren, einst von diesen Naturkräften geheilt worden zu sein.

Unsere Seele reagiert auf die Heilkräfte, die der Natur innewohnen, und die modernen Wissenschaften stützen das uralte Wissen darum.

Allein das Betrachten von Bäumen hat bereits eine heilsame Wirkung. Die medizinische Forschung konnte belegen, dass Krankenhauspatienten, die einen Ausblick auf die Natur hatten, sich schneller erholten und weniger depressiv waren als andere Patienten.

Deine Energie ist mit der Natur verbunden. Und jedes Mal, wenn du eine Karte aus diesem Orakelkartenset ziehst, vertieft sich diese Verbindung zu den Mysterien und der Pracht der wilden Weiten unserer Welt.

ORAKELKARTEN ALS ENERGIEPORTALE

Es gibt Orte auf diesem Planeten, an denen die Schleier zwischen der unsichtbaren und der sichtbaren Welt durchlässig sind. Diese haben viele Bezeichnungen, etwa »Vortexfeld«, »Kraftplatz«, »Sternentor« oder »Energieportal«. Es ist nicht ungewöhnlich, dass Menschen in der Nähe solcher Orte mystische Erfahrungen machen: metaphysische Wesen erscheinen, Tiere tauchen auf, um Botschaften zu überbringen, und verschwinden wieder, in der Nacht sind Stimmen zu hören, es kommt zu Begegnungen mit Engeln …

Dieses Orakelkartenset unterstützt dich dabei, Zugang zum Reich jenseits der physischen Sinne zu finden. Jede Karte ist zunächst ein Schlüssel, der dir einen neuen Aspekt der Natur offenbart. Darüber hinaus aktiviert sie – wie eine vibrierende Stimmgabel – eine Frequenz, die ein Energieportal öffnet. Dieses lässt dich die Schleier zwischen den Welten durchschreiten und einen heiligen Ort erreichen … den Sacred Forest.

Mache dich mit den Karten vertraut, und betritt die geheimen Welten, um die Wahrheit deiner Seele zu erforschen. Du wirst Impulse für eine erweiterte Wahrnehmung des unermesslichen und herrlichen Zuhauses deiner Essenz erhalten. Es wird eine Reise der Heilung und der Befreiung sein.

Lasse dich vom »Orakel des Heiligen Waldes« durch das moosbedeckte, steinerne Tor in ein verzaubertes Reich entführen. Dort werden seit Langem verschollene Antworten auf deine Fragen auftauchen und verborgene Talente in dir zum Vorschein kommen. Auch wird sich deine Verbindung zu Kräften, die größer sind als du, vertiefen.

DAS »ORAKEL DES HEILIGEN WALDES« NUTZEN

Dieses Kartenset ist eine Einladung in ein mystisches Reich. Jede Karte ist ein Schlüssel für ein anderes Energieportal, das dich jenseits der physischen Welt in die unsichtbare Geistige Welt führt. Nimm dir daher Zeit, dich mit den Karten vertraut zu machen, wenn du dein Set zum ersten Mal in den Händen hältst. Vielleicht nimmst du jede Karten einzeln in die Hand, um dich auf ihre Energie einzustimmen, vielleicht legst du auch den gesamten Kartenstapel in die Nähe deines Bettes, damit im Schlaf eine energetische Verbindung zwischen dir und den Karten entsteht.

Dies ist eine heilige Reise. Bevor du mit deinen Legungen beginnst, nimm dir ausreichend Zeit, die Bedeutung des Weges, der vor dir liegt, zu begreifen. Ob du nun eine Legung für dich oder einen anderen durchführst, du solltest es niemals auf leichtfertige Weise tun, denn du bist in der heiligen Rolle des Mystikers. Die Karten aufs Geratewohl zu legen, wird zu keiner klaren Aussage führen. Jede Legung sollte ruhigen Geistes, in freudiger Ehrfurcht und mit einem Verständnis ihrer tiefgreifenden Natur geschehen. Dann wird sie deine Intuition schulen und deine Verbindung zur Geistigen Welt festigen, sodass diese umso besser durch dich wirken kann. Die folgenden vier Schritte sind sehr bedeutsam, schenke jedem einzelnen deine Aufmerksamkeit.

EINE KARTENLEGUNG VORBEREITEN

Reinige den Raum: Je klarer der Raum ist, in dem du mit den Karten arbeitest, desto deutlicher wird deren Aussage sein. Daher lohnt es sich, einen besonderen Bereich für deine Legungen zu bestimmen. Nimm dir Zeit, diesen Platz gründlich zu säubern. Es ist eine gute Idee, Staub zu wischen, staubzusaugen und Unordnung zu beseitigen, bevor du dich an eine Legung begibst.

Auch solltest du vor jeder Legung eine energetische Raumreinigung in Erwägung ziehen. In den Traditionen der amerikanischen Ureinwohner werden häufig Kräuter verbrannt. Besonders geeignet für die Vorbereitung einer Legung mit dem »Orakel des Heiligen Waldes« ist eine Räucherung mit Rosmarin, aber auch mit Salbei oder Sweetgrass ist sie sehr wirksam. Eine Glocke, ein Gong, eine Klangschale oder ein Glockenspiel können ebenfalls für die energetische Reinigung eines Raumes genutzt werden. Eine Kerze zu entzünden, kann dich dabei unterstützen, den Alltag hinter dir zu lassen und in das Mystische einzutauchen. Auch die Arbeit mit ätherischen Ölen ist eine Möglichkeit, insbesondere mit solchen, die eng mit dem Wald verbunden sind, etwa Kiefer, Wacholder, Tanne oder Wild- bzw. Heckenrose. Indem du Zeit darauf verwendest, den Raum zu energetisieren, erschaffst du einen geheiligten Ort.

Sammle dich: Stelle sicher, dass deine Wirbelsäule gerade ist und du aufrecht sitzt oder stehst. Mache einige tiefe Atemzüge, um dich zu entspannen. Gehe in dich, um dein heiliges Zentrum aufzusuchen, den Ort, an dem deine Kraft wohnt. Vielleicht befindet sich dieses Zentrum in der Mitte deines Herzens, vielleicht in deinem Unterbauch – es ist nicht bei jedem die gleiche Stelle. Werde still. Stelle dir vor, wie die Kräfte der Erde durch dich emporsteigen und die Energie des Himmels durch dich nach unten fließt. Du bist nun die heilige Schnittstelle zwischen Unten und Oben.

Rufe die höheren Mächte an: Atme ein paarmal tief ein und aus, und rufe den Schöpfer an oder, was auch immer deine spirituelle Quelle ist. Bitte um Klarheit und um die Kraft der Deutung. Bedanke dich im Voraus für die Unterstützung und Liebe, die dir zufließen werden. Dies ist ein bedeutsamer Schritt, unabhängig davon, ob du die Legung für dich selbst oder jemand anderen durchführst.

Konzentriere dich auf deine Absicht: Werde dir darüber klar, welche Ergebnisse du von der Legung erwartest. Die Energie folgt der Absicht. Wünschst du dir ein Gefühl tiefer Zufriedenheit, fokussiere dich darauf. Möchtest du Entschlossenheit, Stärke und Klarheit gewinnen, dann lenke deine Konzentration dorthin. Halte dir deine Absicht stets vor Augen. Dies ist ein grundlegender Schritt.

Visualisiere den Heiligen Wald: Stelle dir vor … du befindest dich auf einer Wiese im Wald. Du stehst inmitten eines Steinkreises. Die Naturgeister des Waldes schweben in den Kreis herein und energetisieren dich und den Ort, an dem die Legung stattfinden wird. Diese Vorstellung erschafft einen Kraftplatz in dir und um dich herum, sie verstärkt deine Klarheit und Deutungskraft.

Reinige die Karten: Zwischen den Legungen ist es wichtig, die Karten zu reinigen. Räuchere sie mit Salbei oder Zeder, wenn eine Sitzung beendet ist. Du kannst auch jedes andere natürliche Räucherwerk verwenden. Alternativ kannst du sanft auf die Karten pusten, auf sie tippen oder klopfen, um sie energetisch in den Anfangszustand zu versetzen.

DIE KARTEN AUSWÄHLEN

Energetisiere deine Hände: Während du dich auf deine Absicht fokussierst, reibe langsam deine Hände aneinander, bis sie sich warm und kribbelig anfühlen. Dies ist eine Vorbereitung auf deine Arbeit mit den Karten.

Fülle deine Hände mit Liebe: Halte das Kartenset in deinen Händen, und führe es dann langsam zur Mitte deines Brustkorbs. Stelle dir vor, wie goldenes Licht aus deinem Herzen strömt und die Karten einhüllt. Sprich zu dir selbst: »Mögen die Weisheit und die Wahrheit in dieser Legung offenbart werden, zum besten Wohl aller.«

Wähle eine Methode: Dieses Begleitbuch stellt dir einige Vorschläge zur Verfügung, wie das Kartenset genutzt werden kann (ab Seite 21). Die konkrete Methode ist jedoch weniger bedeutsam als die Offenheit deines Herzens. Wenn du dich gesammelt hast und dein Herz offen ist, kann bereits das Ziehen nur einer Karte dir geben, was du gerade brauchst.

Stelle eine Frage: Fokussiere dich auf deine Frage. Sprich sie laut aus, oder konzentriere dich im Stillen auf sie. (Wenn du die Legung für jemand anderen durchführst, fordere diese Person auf, sich auf ihre Frage zu fokussieren.) Vertraue dabei darauf, dass du genau das in der Legung erhalten

wirst, was gebraucht wird. Achte darauf, deine Frage auf eine offene Weise zu formulieren, also nicht so, dass ein Ja oder Nein herauskommt. Ein gutes Beispiel wäre: »Auf welche Weise lässt sich die bestehende Situation am besten lösen?«
Mische die Karten: Mische die Karten, und mische sie dann noch einmal. Bleibe dabei konzentriert, und baue den Kontakt zur Geistigen Welt auf. Breite anschließend die Karten aus, und lasse deine Hände über ihnen schweben.
Wähle die Karten aus: Gehe zügig und spielerisch vor. Lasse dich von deiner Intuition leiten, und denke nicht darüber nach. Deine Finger werden vielleicht kribbelig oder warm, wenn sie über einer Karte sind, die aufgedeckt werden soll. Achte auch auf solche Karten, die förmlich von selbst hervorzuspringen scheinen. Bei der Arbeit mit Orakelkarten passiert nichts aus Versehen. Lege daher diese »hüpfenden« Karten beiseite, und betrachte sie, nachdem du die Karten für die Legung ausgewählt hast.

DIE KARTEN DEUTEN

Drehe eine Karte um: Wenn du eine Karte umdrehst, achte auf deine ersten Gefühle, Emotionen und Wahrnehmungen. Welche Erkenntnis steigt zuerst in dir auf? Vertraue deiner Intuition und deinem Bauchgefühl. Häufig ist der erste Eindruck der zutreffendste.

Betrachte die Karte: Nimm die Farben, Bilder und Wörter auf der Karte wahr. Alles übermittelt dir eine Nachricht. Nutze deine Intuition, um die vielschichtigen Antworten auf deine Frage zu verstehen. Vielleicht möchtest du deine Frage und auch die Antworten, die du erhältst, in einem Tagebuch festhalten. Wenn du dann zu einem späteren Zeitpunkt deine Eintragungen wieder zur Hand nimmst, wirst du möglicherweise zu noch tieferen Bedeutungen vordringen.

Entdecke die Bedeutung: Wenn du nicht direkt beim Betrachten der Karte eine Antwort erhältst, dann lies dir zur Unterstützung die Deutungen hier im Begleitbuch durch. Sie verstehen sich als erste Anhaltspunkte. (Sollte eine Deutung aus dem Begleitbuch deiner instinktiven Interpretation widersprechen, dann halte dich an dein Bauchgefühl.)

DIE KARTEN AUFBEWAHREN

Wickle sie in Stoff ein: Ideal ist es, die Karten in Stoff eingewickelt aufzubewahren. Jede Farbe und jede Art von Stoff trägt eine andere Energie in sich. Manche verwenden gern schwarze Seide, um die Energie der Karten aufzunehmen, andere hingegen weiße Seide, um die Karten zwischen den Nutzungen zu reinigen. Wiederum andere wickeln sie in grünen oder blauen Wollstoff ein, um die Energie der Karten zu stabilisieren. Verlasse dich bei der Entscheidung, welche Aufbewahrungsweise für deine Karten die beste ist, auf deine Intuition.

Lade sie mithilfe eines Kristalls auf: Nachdem du deine Karten in Stoff gehüllt hast, lege einen Kristall darauf. Dies hilft dabei, die Karten wieder aufzuladen, wenn sie nicht genutzt werden. Ein Bergkristall eignet sich hierfür am besten. Wenn die Legungen sich auf spirituelle Themen konzentrieren, ist der Amethyst eine sehr gute Alternative.

Es ist wichtig, den Kristall zwischen den Anwendungen zu entladen. Zu diesem Zweck kannst du ihn für mindestens vier Stunden in die Sonne legen, ihn mit kaltem Wasser abspülen oder mit Eukalyptusöl abreiben.

Bewahre deine Karten auf: Ehre deine Karten, indem du sie an einen Ort legst, der sauber und aufgeräumt ist. (Mit anderen Worten: Stopfe sie nicht in eine Krimskramsschublade.) Ideal wäre der Hausaltar, der Kaminsims oder eine vergleichbare Stelle im Haus, die würdigt, dass die Karten ein heiliges Werkzeug sind.

KARTENLEGEMETHODEN

TÄGLICHER IMPULS

Für diese Methode brauchst du nur eine Karte zu ziehen. Die Tageskarte kann dir verstehen helfen, welche Kräfte an einem bestimmten Tag wirken, und die zugrunde liegende Lebensenergie aufdecken. Sie kann dir auch Hinweise darauf geben, welche Vorgehensweise mit Blick auf anstehende Herausforderungen oder Entscheidungen die beste ist.

LEGUNG MIT EINER KARTE

Die einfachste Weise, dein »Orakel des Heiligen Waldes« zu nutzen, ist folgende: Benenne ein einzelnes Anliegen bzw. stelle eine bestimmte Frage, und ziehe dann eine Karte. Hier einige typische Fragen, die du stellen könntest, um dein Anliegen oder das einer anderen Person zu klären:

- Welche Vorgehensweise im Innen oder im Außen schlägt mir meine Seele vor, damit ich für die Begebenheit eine positive Lösung finde?
- Welche Fähigkeit soll ich in mir nähren bzw. fördern, um zur bestmöglichen Lösung zu gelangen?

- Wer ist mein wichtigster Verbündeter bei der Lösung dieser Angelegenheit?
- Woran sollte ich arbeiten?
- Was bedarf der Heilung?
- Was ist meine Botschaft und aus welchem Grund?

LEGUNG MIT DREI KARTEN

Die folgende Drei-Karten-Legung kann dich zum Kern einer Herausforderung führen. Wenn es in deinem Leben einen bestimmten Bereich gibt, der deiner Aufmerksamkeit bedarf, kann der Sacred Forest dir verstehen helfen, wie du am besten vorgehen solltest. Ziehe drei Karten, und lege sie von links nach rechts vor dir aus. Decke sie nacheinander auf, um die Botschaften der Geistigen Welt zu enthüllen.

Karte 1 – Die Blockade: Die linke Karte zeigt an, wofür eine Lösung gefunden werden muss, um die Herausforderung zu klären. Wenn sich dir zum Beispiel die »Biene« (Wohlstand) zeigt, kann dies bedeuten, dass du von der Fülle und vom Fluss des Lebens abgeschnitten bist.

Karte 2 – Die Heilung: Die mittlere Karte steht für das spirituelle Werkzeug, das dich dabei unterstützt, das von Karte 1 versinnbildlichte Hindernis zu überwinden. Wenn die »Biene« deine Blockade darstellt und du als Heilung das »Nebelmoor« (Geduld) ziehst, kann dies ein Zeichen dafür sein, dass du dich entspannen und in Geduld üben solltest, statt alles auf einmal in Ordnung bringen bzw. sofort vollständig heilen zu wollen.

Karte 3 – Das Ergebnis: Die rechte Karte repräsentiert, wie sich die Begebenheit entwickelt, wenn du die Hinweise der ersten beiden Karten befolgst. Ziehst du im angeführten Beispiel als dritte Karte die »Uralte Eiche« (Kraft), könnte das bedeuten, dass du tiefgehende innere Stärke und Fülle (»Biene«) erlangen wirst, sofern du Geduld (»Nebelmoor«) zeigst.

Variante der Drei-Karten-Legung

- Karte 1 zeigt die Vergangenheit bzw. den Ursprung der Herausforderung,
- Karte 2 die Gegenwart bzw. deinen derzeitigen Standort,
- Karte 3 das, was die Zukunft bringen wird.

LEGUNG MIT FÜNF KARTEN

Mithilfe der Fünf-Karten-Legung kannst du die Geistige Welt um Rat bitten. Stelle dir bei diesem Legemuster vor, dass deine Helferwesen alle versammelt sind, um zu dir zu sprechen und dich zu führen. Es ist so, als befändest du dich im Mittelpunkt einer großen Ratsversammlung all derer, die dich lieben und für dich sorgen.

Um diesen kraftvollen Prozess einzuleiten, konzentriere dich auf deine Fragestellung, und erbitte den Segen und die Führung all deiner himmlischen Helfer. Sei dir gewiss, dass sie zugegen sein werden, während du deine Legung durchführst.

Karte 1 – Botschaft deines Höheren Selbst: Diese Karte repräsentiert dich (oder die Person, für die du die Legung durchführst).

Karte 2 – Botschaft der himmlischen Wesen: Diese Karte steht für das, was dir die himmlischen Wesen mitteilen wollen.

Karte 3 – Botschaft der Erdgeister: Diese Karte birgt die Botschaft der göttlichen Erdmutter und all deinen Verbündeten aus den Reichen der Tiere, Pflanzen, Bäume und Steine.

Karte 4 – Botschaft deiner Ahnen: Diese Karte ist eine kraftvolle Mitteilung deiner Verwandten, die die physische Welt bereits verlassen haben. Sie wollen dich auf deinem Lebensweg unterstützen.

Karte 5 – Botschaft deines zukünftigen Selbst: Diese Karte hält eine Nachricht von demjenigen bereit, der du in der Zukunft sein wirst. Hätten wir doch manchmal die Möglichkeit, in der Zeit zurückzugehen und anhand dessen, was wir gelernt haben, unserem jüngeren Selbst Rat und Beistand zu geben … Nun, dies ist die Gelegenheit.

Nachdem du für jeden Helfer aus der Geistigen Welt eine Karte gezogen und aufgedeckt hast, beobachte, welche Gedanken dir in den Sinn kommen. Versuche, das grundlegende Thema der Nachrichten zu ergründen. Dieses Thema wird der Schlüssel dafür sein, dass du deine Botschaft von der Geistigen Welt verstehst.

LEGUNG MIT NEUN KARTEN: »BAUM DES LEBENS«

Das Legemuster »Baum des Lebens« ist hervorragend geeignet, wenn du verstehen willst, welche tiefer liegenden Themen am Werk sind und welches Endergebnis sich zum jetzigen Stand der Dinge zeigen wird.

Karten 1 bis 4 – die Wurzeln: Lege vier Karten in einer Reihe aus, von links nach rechts. Diese vier Wurzelkarten zeigen die aktuell zugrunde liegenden Energien an – auf geistiger, körperlicher, emotionaler und seelischer Ebene.
Karte 5 – der Stamm: Lege eine Karte oberhalb der Mitte der Wurzelkarten aus. Der Stamm stellt dar, wo im Leben du gerade stehst.
Karten 6 bis 9 – die Äste: Lege oberhalb der Stammkarte vier Karten in einer Reihe aus, von links nach rechts. Diese vier Astkarten stehen für deine zukünftige Entwicklung – auf geistiger, körperlicher, emotionaler und seelischer Ebene.

Variante der »Baum des Lebens«-Legung

- Die unteren Karten zeigen die Vergangenheit.
- Die Mitte steht für die Gegenwart.
- Die oberen Karten versinnbildlichen die Möglichkeiten der Zukunft.

LEGUNG MIT VIER KARTEN: »VIER HIMMELSRICHTUNGEN«

Bei diesem Legemuster gibt dir jede Himmelsrichtung entsprechend ihrer Energie Hinweise auf unterschiedliche Aspekte deines Lebens. (Beachte, dass die Bedeutungen der Karte für den Süden und der Karte für den Norden vertauscht sind, wenn du dich auf der südlichen Erdhalbkugel befindest.)

Karte 1 – Osten: Der Osten ist der Ort des Sonnenaufgangs und repräsentiert den Frühling. Diese Karte offenbart, was in deinem Leben gerade seinen Anfang nimmt, was beginnen will oder wonach du suchen bzw. was du erforschen solltest.

Karte 2 – Süden: Der Süden symbolisiert die Mittagssonne und den Sommer. Diese Karte zeigt an, was in deinem Leben im Wachstum begriffen ist – und was du hegen und pflegen solltest.

Karte 3 – Westen: Der Westen steht für die untergehende Sonne und den Herbst. Diese Karte versinnbildlicht, was du ernten oder sammeln wirst. Sie kann auch darstellen, was du loslassen bzw. aussortieren solltest.

Karte 4 – Norden: Der Norden ist verknüpft mit der Dunkelheit der Nacht und dem Winter. Diese Karte verkündet, was du festigen bzw. nähren solltest – oder was du reparieren bzw. heilen solltest.

LEGUNG MIT DREIZEHN KARTEN: »JAHRESLEGUNG«

Die Jahreslegung ist ein wundervolles Legemuster, das du zu jeder Zeit im Jahr nutzen kannst. Besonders kraftvoll ist sie am Neujahrstag sowie an den Sonnenwenden und den Tagundnachtgleichen.

Du wirst mit den Karten einen Kreis legen. Stelle dir eine große Uhr vor, die auf deinem Kartenlegetisch liegt und deren Ziffern jeweils für einen der zwölf Monate des Jahres stehen. Um eine Vorhersage für die folgenden zwölf Monate vorzunehmen, ziehe zunächst eine Karte für den Monat, in dem du dich aktuell befindest. Bei einer Jahreslegung im Januar, z. B. am Neujahrstag, legst du diese Karte auf die Position »1 Uhr«, bei einer im März auf die Position »3 Uhr« etc. Lege dann jede weitere gezogene Monatskarte an die entsprechend nächste Position im Kreis.

Nachdem du zwölf Karten gezogen und ausgelegt hast, lege abschließend eine Karte in die Kreismitte, die für die Grundenergie des ganzen Jahres steht. Betrachte dann die Vorhersage, und empfange die Einblicke in den Verlauf der kommenden Monate. Vielleicht legst du dir ein Tagebuch an mit einem Abschnitt für jeden Monat des Jahres. (Solche Tagebücher sind übrigens wunderbar als Geburtstagsgeschenk geeignet.) Trage in jedem Monat den Namen der gezogenen Karte ein. Mache dir dann im Lauf des Monats Notizen, was sich ereignet hat.

DEN SACRED FOREST IN DEINEN TRÄUMEN BETRETEN

Die Geistige Welt spricht durch unsere Träume zu uns. Träume können Bilder der Zukunft, Anregungen für die Gegenwart oder Einblicke in unsere Vergangenheit – sogar die ferne Vergangenheit – sein. Sie können einen Treffpunkt zwischen den irdischen und den himmlischen Reichen darstellen sowie gewaltige Kreativität und Inspiration freisetzen. Doch selbst wenn wir uns an unsere Träume erinnern, sind wir oft verwirrt angesichts der uns seltsam und lebhaft erscheinenden Bilder. Das »Orakel des Heiligen Waldes« kann dich dabei unterstützen, die tiefere Bedeutung deiner Träume zu enträtseln. Hierzu eine kleine Anleitung.

DEN TRAUM AUFSCHREIBEN

Schreibe deinen Traum in seiner Gesamtheit in ein Traumtagebuch. Halte jedes Detail fest, an das du dich erinnern kannst. Lasse die Deutung des Traums zunächst außen vor, sondern nimm dir lieber Zeit, deinen Traum zu genießen und die Nuancen deiner Emotionen dein Bewusstsein durchdringen zu lassen.

Betrachte anschließend deinen Traum erneut. Wähle die markantesten Bilder, Gefühle und

Emotionen aus, und halte sie in deinem Tagebuch fest.

EINE KARTE ZIEHEN

Konzentriere dich auf die Absicht, deinen Traum zu verstehen. Bewahre diesen Gedanken ganz tief in deinem Herzen, während du deine Aufmerksamkeit auf die Grundstimmung deines Traums richtest.

Ziehe nun – wie zuvor beschrieben – eine Karte. Sei dir gewiss, dass dein Unterbewusstsein diejenige Karte auswählen wird, die am besten der Schwingung der tieferen Energie deines Traums entspricht. Diese Karte wird dich dabei unterstützen, die geheime Botschaft deines Traums zu entschlüsseln.

DIE BOTSCHAFT ERKENNEN

Vertraue darauf, dass das Erste, was dir in den Sinn kommt, für gewöhnlich die treffendste Botschaft ist. Betrachte die Karten als Impulsgeber zur Erkenntnis. Manchmal wird es dir so vorkommen, als ob das, was du unmittelbar beim Aufdecken einer Karte denkst, nichts mit der Karte zu tun hat. Tatsächlich ist es aber ein wichtiger Impuls hin zu einem tieferen Verständnis deines Traums.

Denke über das Bild der gezogenen Karte nach. Achte auf etwaige spontane Einsichten. Manchmal wirkt das Bild der Karte (viel eher als ihr Text) wie ein Katalysator für das Verständnis deines Traums. Betrachte die Farben, Formen und Objekte auf der Karte. Welche Aspekte des Bildes scheinen für deinen Traum bedeutsam zu sein? Bedenke, dass dir die Karten keine eindeutigen Antworten bei der Interpretation deiner Träume geben werden. Sie werden jedoch deine Fähigkeit stärken, auf dein angeborenes Wissen zuzugreifen.

Selbst wenn du dich morgens nicht an deine Träume erinnerst, kannst du trotzdem gleich nach dem Aufstehen eine Karte ziehen. Auf diese Weise wird es dem Universum möglich sein, dir die Botschaft deiner Träume der vergangenen Nacht mitzuteilen.

Mit den Karten Zeichen entschlüsseln

Unsere frühen Vorfahren richteten ihr Leben nach Zeichen und Symbolen aus. Diese zu beachten, war genauso lebensnotwendig wie das Atmen. Auch heute sind wir ständig von Botschaften, Zeichen, Übereinstimmungen und Synchronizitäten umgeben. Sie alle zielen darauf ab, uns in die Richtung unserer Bestimmung voranzutreiben, doch häufig nehmen wir sie nicht wahr.

In jedem Augenblick flüstert dir das Universum etwas zu, aber manchmal ist es schwierig, die tiefere Bedeutung zu verstehen. Du kannst jedoch das »Orakel des Heiligen Waldes« nutzen, um diese Botschaften zu entschlüsseln. Fokussiere dich einfach auf das Zeichen, das du empfangen hast, und ziehe dann eine Karte.

Hier ein Beispiel dafür, wie das funktionieren kann: Du gehst draußen spazieren, und plötzlich fliegt ein Eichelhäher so dicht an deinem Kopf vorbei, dass du den Luftzug spüren kannst, den sein Flügelschlag verursacht, als er hoch in den Himmel steigt. Du glaubst, dass dies ein Zeichen ist, und ziehst eine Karte, um einen Deutungsimpuls zu erhalten.

Die Karte, die du ziehst, ist der »Zauberer des Waldes« (Fokus). Das Zeichen könnte also darauf hinweisen, dass du in allen Begebenheiten deines Lebens unter die Oberfläche der Dinge schauen und dass du die Zusammenhänge von einer höheren Warte aus betrachten solltest.

Ziehst du stattdessen die Karte »Gewundener Pfad« (Flow), wollte dir der Eichelhäher vielleicht mitteilen, dass du dich mit dem Fluss des Lebens treiben lassen solltest, statt alles kontrollieren zu wollen.

DIE BOTSCHAFTEN DER KARTEN

Ich hoffe, du wirst diese Reise genießen, Seelenreisender! Möge dein inneres Orakel erwachen, und möge sich die Weisheit des Sacred Forest in deinem Leben entfalten.

Folge mir gern auf www.deniselinn.com, um dort unter anderem mehr über meinen zertifizierten Online-Kurs zum Thema »Orakelkarten« (auf Englisch) zu erfahren.

ADLER – FREIHEIT

Der Adler lädt dich ein, auf seinen Rücken zu steigen. Du schrumpfst, bis du so klein bist, dass du aufsitzen kannst. Du hältst dich an den Daunen unter seinen Schwungfedern fest, während ihr immer höher steigt. Der Wald unter euch wird kleiner und kleiner. Als ihr euch über die Wolken erhebt, hast du ganz klare Sicht. Niemals zuvor hast du dich so frei gefühlt!

Diese Karte zeigt dir an, dass es an der Zeit ist, dich zu befreien und deine Seele fliegen zu lassen! Sei kühn, und lasse vorhersehbares Verhalten hinter dir. Wirf deine Arme voller Freude hoch, dem Himmel entgegen. Wenn diese Karte erscheint, hast du es womöglich dem Leben oder anderen Menschen erlaubt, deine Freiheit einzuschränken. Dies zu erkennen, ist der erste Schritt, deine Macht wiederzuerlangen. Lasse dich nicht länger von Verhaltensregeln oder Erwartungen anderer gefangen nehmen. Du bist wahrlich nicht hier auf Erden, um gewöhnlich zu sein, sondern, um Begrenzungen – auch selbst auferlegte – hinter dir zu lassen.

Du hast die Möglichkeit, die Regeln zu wählen, nach denen du dein Leben gestalten willst.

Vielleicht bist du nicht immer in der Lage, die genauen Umstände deines Lebens zu beeinflussen, aber ganz gewiss entscheidest du darüber, welche Bedeutung du den verschiedenen Situationen zusprichst. Wähle Einstellungen, die dir Kraft geben, denn jetzt ist die Gelegenheit zur Selbstbefreiung. Stelle dir deutlich vor, dass dich grenzenlose Freiheit durchströmt, und so wird es dann auch sein.

Adler fliegen bis in große Höhen hinauf – über 3000 Meter – und haben eine hervorragende Sehkraft, die es ihnen gestattet, in weite Entfernungen zu blicken. Der Adler steht auch für die Notwendigkeit, eine höhere Perspektive auf das Leben einzunehmen.

Die Botschaft des Adlers lautet:

◆ ◆ ◆

»Die Zeit ist gekommen,
dein wahres Selbst zum Ausdruck zu bringen.
Halte dich nicht zurück.
Wähle ein Leben nach deinen Regeln.
Entfliehe den Erwartungshaltungen der anderen.«

◆ ◆ ◆

AHORN – GROSSZÜGIGKEIT

Die großen, starken Äste des Ahornbaums sind eine Einladung an die Tiere des Heiligen Waldes, sich darunter auszuruhen. Im Schatten der Mittagssonne kann man dort jederzeit ein Reh mit seinem eingerollt dösenden Kitz liegen sehen. Eichhörnchen sausen den Stamm hinauf und huschen von Ast zu Ast. Ein Hase hält hier inne und schnuppert in der Luft. Alle Geschöpfe, große wie kleine, zieht es in den Schatten des Ahorns, um dort Zuflucht zu finden.

Was du gibst, erhältst du zehnfach zurück. Es gibt Zeiten im Leben für das Empfangen und wiederum Zeiten für das Verschenken – sei es von Liebe, Unterstützung oder Dingen. Diese Karte legt dir nahe, dass der Moment gekommen ist, von ganzem Herzen zu geben. Gib, ohne darüber nachzudenken, was du zurückerhalten wirst. Auf diese Weise begibst du dich in den kosmischen Fluss des Lebens, und du wirst von Segnungen überhäuft werden.

Der Ahorn gilt als eine sehr alte Baumart. Er ist dafür bekannt, Umweltveränderungen zu überdauern und unter verschiedensten klimatischen Bedingungen zu überleben und zu gedeihen.

Manchen Traditionen zufolge überträgt ein Ahorn seine Kräfte auf seine Umgebung. Wird er angeritzt, so dringt süßer Saft aus ihm hervor. Dieser symbolisiert die Süße des Lebens.

Die Botschaft des Ahorns lautet:

◆ ◆ ◆

»Sei offen für die kosmische Fülle und gleichzeitig großzügig anderen und dir selbst gegenüber.
Du strahlst Seelenwärme aus.
Gib von Herzen, empfange offenen Herzens – und dein Erfolg wird gedeihen.«

◆ ◆ ◆

BÄR – HEILUNG

Du spürst die Gegenwart des Bären, noch bevor du ihn siehst. Du drehst dich langsam um und blickst ihm tief in die Augen. Zugleich tritt eine lange Reihe von Heilern – unsichtbar, doch real – hinter einigen Bäumen hervor und umgibt euch beide. Du streckst deine Hände aus und berührst das dichte Fell des Bären, und sogleich spürst du, wie dich heilsame Energie durchströmt.

Diese Karte erscheint, um dich wissen zu lassen, dass Heilung auf allen Ebenen und auf vielfältige Weise geschehen wird. Sei bereit, sie zuzulassen. Sei dir zudem gewiss, dass du eine heilsame Kraft für andere bist. Wenn du Heilenergie weitergibst, bist du dir dessen womöglich nicht bewusst. Doch sollte sich jemand bei dir dafür bedanken, so sage einfach: »Gern geschehen«, auch wenn du gar nicht weißt, was vor sich gegangen ist.

In den Traditionen vieler Urvölker gilt der Bär als mit den Menschen verbunden, kann er doch wie sie aufrecht gehen. Er symbolisiert den Heiler und die »gute Medizin«. Ebenso überträgt er Würdigen die Kraft der Heilung, und du bist in der Tat würdig!

Die Energie des Bären zeigt sich auch als Erdung, Stärke und Zuversicht. Sie errichtet ein stabiles Fundament, das es dir erlaubt, allen Herausforderungen zu begegnen, die das Leben dir stellt.

Die Botschaft des Bären lautet:

◆ ◆ ◆

»Du bist ein Heiler und ein Kanal
für die Lebenskraft des Universums.
Du bist stark und geerdet.
Heilung geschieht, ein Thema oder
eine Situation wird gelöst.
Vertraue darauf, dass alles gut wird.«

◆ ◆ ◆

BIENE – WOHLSTAND

Die Blumen auf der Wiese berauschen mit ihrem süßen Duft die Sinne. Bienen fliegen von Blüte zu Blüte, ihr Summen klingt wie der vereinte Gesang von tausend Mönchen. Während du ihnen zusiehst, kannst du wahrnehmen, dass sie auf Produktivität und Zusammenarbeit ausgerichtet sind. Das Ergebnis ihres Fleißes ist golden bernsteinfarbener Honig.

Diese Karte ist ein wundervolles Zeichen für Fülle und süße Energie, die dir zufließen. Sie kann auch für Produktivität und Strukturiertheit stehen. Warst du zuletzt unschlüssig, unorganisiert und unkonzentriert, oder warst du vielleicht sehr rege, aber all deine Arbeit brachte keine vorzeigbaren Ergebnisse hervor? Dann fokussiere dich nun wieder. Setze die Prioritäten in deinem Leben neu. Bestimme, was wirklich wichtig ist, und lenke deine Schritte in die entsprechende Richtung.

Diese Karte kann dich auch darauf hinweisen, dass du jetzt hart arbeiten musst, um den Wohlstand, den du dir wünschst, in dein Leben zu ziehen. Sei willens, die nötige Zeit und Energie zu investieren, und du wirst deine Ziele erreichen. Deine Anstrengungen werden sich auszahlen.

Bienen arbeiten zusammen – überlege daher, wessen Energien mit deiner in Einklang stehen und wie du mit diesen Menschen gemeinsam wirken kannst, um deine Ziele zu erreichen. Dann wird sich dein Glück einstellen.

In der Geschichte der Menschheit werden Bienen seit jeher für ihren Honig bewundert, den sie mit ihrem Fleiß erarbeiten. Honig steht für die Süße des Lebens, für Nahrung und Reichtum. In vielen Legenden wird Honig auch mit Gold verknüpft.

Die Botschaft der Biene lautet:

◆ ◆ ◆

»Die süße Fülle des Universums fließt in dein Leben.
Du musst jedoch handeln, fleißig sein und
dich vielleicht mit anderen zusammentun,
um dich auf die Wellenlänge deiner Träume
einzustimmen. Glaube daran, dass du es verdienst,
und dein Ziel wird goldene Wirklichkeit.«

◆ ◆ ◆

BLAUGLÖCKCHENFEE – DANKBARKEIT

Am frühen Morgen ist der Wald in tief hängende Nebelschleier gehüllt. Als du auf die heilige Wiese trittst, erblickst du himmlisch blaue Blumen, die über dem Nebel zu schweben scheinen. Ihre satte Farbe lockt dich, näher zu kommen. Jede der glockenförmigen Blüten beugt sich hinunter zu ihrem Stängel – wie in Demut, im Gebet oder aus Dankbarkeit.

Dankbarkeit ist das Geheimnis eines von Freude erfüllten Lebens. Wahre Dankbarkeit kann wie durch Zauberei Zufriedenheit und Frieden jenseits aller Vorstellungskraft bewirken. Und es ist so leicht: Finde das Gute und Wundervolle in jedem Augenblick. Ganz gleich, was um dich herum passiert, es gibt immer etwas, wofür du dankbar sein kannst. Was auch immer du im Leben mit Wertschätzung beschenkst, es wird wachsen. Entdecke daher, wofür du dankbar bist – es können sogar Menschen oder Begebenheiten sein, die du als herausfordernd empfindest –, und beobachte, wie Wunder Gestalt annehmen. Das Universum wird es dir danken!

Wertschätzung für alles ist dir in Hülle und Fülle gegeben. Achte die Kostbarkeit des Lebens und von allem und jedem um dich herum, und es werden sich Wunder im Überfluss ereignen. Blauglöckchen stehen neben Dankbarkeit auch für Demut. Wenn du dich auf die zarte und sanfte Energie der Demut einlässt, wirst du bemerken, dass deine Dankbarkeit selbst für die kleinsten Dinge des Lebens zunimmt.

Blauglöckchen öffnen das Tor in das Reich der Magie. In Mythen wird beschrieben, dass diese Blume wie eine Glocke »geläutet« wird, um die Feen herbeizurufen. Im Frühling wachsen die Blauglöckchen überall im Wald in dichten Teppichen, und dann ist die Magie zum Greifen nah.

Die Botschaft der Blauglöckchenfee lautet:

◆ ◆ ◆

»Je mehr Dankbarkeit du in dir hegst,
desto mehr Schätze werden dein Leben bereichern.
Achte die Kostbarkeit aller Dinge und Wesen,
und Freude wird dein Leben erfüllen.
Das Universum ist dir dankbar.«

◆ ◆ ◆

DORNENHECKE – UNWÄGBARKEITEN

Du findest dich von einer dichten Dornenhecke umgeben wieder. Bei dem Versuch, dich vorwärtszubewegen, wirst du von den Zweigen umschlungen. Als du umkehren willst, hindern dich Dornen daran. Wohin auch immer du dich wendest, stößt du auf Hindernisse. Zudem verursacht jede Bewegung aufgrund der langen, spitzen Dornen Schmerzen. Höre auf, zu kämpfen. Halte still. Atme, entspanne dich … und wie durch ein Wunder wird sich die Hecke öffnen und einen funkelnden Ausweg freigeben.

Wenn wir etwas als »dornig« bezeichnen, meinen wir damit, dass es schwierig oder herausfordernd ist. Wenn du den Eindruck hast, in einem Bereich deines Lebens festzuhängen, dann ist es so. Und wenn du wirklich nicht weißt, welche Richtung du einschlagen sollst, dann werde ruhig. Erzwinge das Weiterkommen nicht, denn sonst gerätst du nur immer tiefer in die Dornenhecke.

Der erste Schritt nach vorn besteht darin, festzustellen, wo du stehst. Akzeptiere die Wahrheit, statt zu behaupten, du würdest nicht festhängen. Das Universum wünscht sich deinen Erfolg. Damit er eintritt, ist es lediglich erforderlich, dass du so lange wartest, bis dein Weg fertiggestellt ist. Erkenne die Begebenheiten an, wie sie sind. Warte, bis du eine klare Richtung siehst, und gehe dann langsam und methodisch vor.

Im Märchen »Dornröschen« umgibt eine undurchdringliche Dornenhecke die Prinzessin, die königliche Familie und alle anderen im Schloss. Hundert Jahre lang. In dieser Zeit versuchen viele Prinzen, einen Weg durch die Hecke zu finden, doch ohne Erfolg. Schließlich kommt ein Prinz vorbei, dem sich die Hecke öffnet, sodass er mit Leichtigkeit die Prinzessin finden und befreien kann. Die Botschaft dieser Geschichte lautet, dass man der göttlichen Fügung vertrauen darf. Der Prinz ist deshalb erfolgreich, weil er im rechten Moment erscheint. Wenn die Zeit reif ist, fügt sich alles.

Die Botschaft der Dornenhecke lautet:

◆ ◆ ◆

»Timing ist alles. Gib das Kämpfen auf und vertraue, dann wirst du eine reiche Belohnung erhalten.«

◆ ◆ ◆

DRACHE – MACHT

Du warst auf dem Waldboden eingeschlafen. Als es in der Nacht kalt wurde, kuscheltest du dich ins Laub und schliefst warm und behaglich. Als du dich am Morgen reckst und streckst und deine Augen öffnest, stellst du fest, dass sich in der Nacht ein Drache liebevoll um dich geschmiegt hat. Auch er öffnet seine großen Augen und blickt voller Freundlichkeit und Mitgefühl auf dich … und du weißt, dass alles in Ordnung ist.

Diese Karte weist dich darauf hin, dass es an der Zeit ist, dich selbst zu ermächtigen und dein Leben in die Hand zu nehmen. Beanspruche die Herrschaft über dein Leben. Überprüfe, ob es jemanden in deinem Leben gibt, der versucht, statt deiner das Steuerruder zu führen. Sollte dies der Fall sein, fordere deinen Führungsanspruch ein. Solltest du an limitierenden Glaubenssätzen festhalten oder Angst davor haben, gemieden, abgestempelt oder ausgeschlossen zu werden, dann lege diese Begrenzungen jetzt ab.

Befreie dich von der Sorge, deine Gaben falsch einzusetzen. Wahre Stärke führt weder zu Unterdrückung noch zu Manipulation, denn sie ist ein Geschenk des Schöpfers. Dir wohnt eine spirituelle Macht inne, die von heiliger Liebe, Weisheit und Anmut herrührt. Deine Gaben können andere heilen und Licht in die Dunkelheit bringen. Du bist ein Wesen von strahlender Herrlichkeit!

Der Drache an deiner Seite ist ein machtvoller Verbündeter. Er verleiht dir stärkende und heilende Kräfte. Er wird dich dabei unterstützen, jegliche Hindernisse hinter dir zu lassen, und er beschützt dich in allen Bereichen deines Lebens.

Die Botschaft des Drachen lautet:

◆ ◆ ◆

»In dir schlummert eine erstaunliche Gabe,
mit der du Träume manifestieren, großen Wohlstand
erreichen und uralte Weisheit wachrufen kannst.
Finde zurück in deine Macht,
und bringe deine Stärke anmutig zur Geltung.«

◆ ◆ ◆

EINHORN – REINHEIT

Du blickst zwischen hohen Eichen hindurch auf eine heilige Wiese. In deren Mitte steht, angeleuchtet von einem einzelnen Sonnenstrahl, ein strahlend weißes, edles Einhorn.
Seine Aura schimmert, flackert und funkelt, als würde es von innen heraus von tausend tanzenden Sternen beschienen.

Diese Karte kann erscheinen, wenn du dafür bereit bist, dich wieder in die Unschuld eines Kindes zu versetzen und die Welt mit staunenden Augen zu sehen. In den Legenden stehen Einhörner für Reinheit, Unschuld, Hoffnung, Glauben, hohe Ideale … und Wunder. Wenn du aufhörst, die Welt durch die Brille deiner Vergangenheit zu betrachten, wirst du feststellen, wie frisch und wunderbar das Universum in Wirklichkeit ist. Sei dir bewusst, dass das Leben jederzeit ganz neu beginnen kann – du brauchst dich nicht über das Gewesene zu definieren.

Das Auftauchen dieser Karte kann auch die Notwendigkeit einer inneren Reinigung und Erneuerung anzeigen. Nimm dir Zeit, das loszulassen, was dir nicht mehr dienlich ist oder dich nicht länger unterstützt ... und du wirst erleben, wie Wunder in Erscheinung treten.

Das Einhorn ist ein Symbol für das Übernatürliche, für Magie und Verzauberung. Dieser legendären Kreatur ist es möglich, das scheinbar Unmögliche Realität werden zu lassen. Solltest du einen seit Längerem unerfüllten Traum hegen, dann lässt dich diese Karte wissen, dass alles möglich ist. Die Reinheit deines Herzens tritt zutage, und es ist an der Zeit, süße Unschuld von deinem Wesen Besitz ergreifen zu lassen. Reinige dich, finde in deine angeborene Unschuld zurück, und glaube an Wunder. Sie sind bereits im Entstehen begriffen!

Die Botschaft des Einhorns lautet:

◆◆◆

»Was auch immer sich in deinem Leben zugetragen hat, finde in deine angeborene Unschuld zurück. Du hast eine reine Seele. Die bist ein Kind der Schöpfung. Lasse die Vergangenheit los, und sieh die Welt mit neuen Augen. Wie durch Zauberei werden dann Wunder im Überfluss geschehen.«

◆◆◆

ELFEN – VERSPIELTHEIT

Die Elfen haben dich eingeladen, mit ihnen im Mondlicht unter den Sternen zu tanzen. Musik erklingt, und du springst und drehst dich vor Freude. Elfen und Feen umtanzen dich, und du wirst erfüllt von der ausgelassenen Atmosphäre dieser Nacht. Alle Hemmungen fallen von dir ab, und du kicherst entzückt, während dich die Stimmung der Verspieltheit umfängt.

Erlaube es deinem Inneren Kind, zu spielen. Nimm deine kindliche Unschuld an. Wenn du das Leben zuletzt sehr ernst genommen hast, so rät dir diese Karte, lockerer zu werden. Alles, was du dafür tun musst, ist, es dir gut gehen zu lassen. Wenn deine privaten und beruflichen Verpflichtungen den Strom deiner Lebensenergie blockiert haben, ist es erforderlich, dir eine Auszeit zu gönnen und etwas Spaß zu haben. Erquicke deine Seele, indem du etwas Unerwartetes, Verrücktes oder sogar Dummes tust. Dein Glück ist das größte Geschenk, das du dieser Welt machen kannst, also gib dem Spielerischen mehr Raum.

Wie die Feen sind auch die Elfen kleine Wesen, die in Wäldern, auf Wiesen oder in hohlen Baumstämmen leben. Zu allen Zeiten der Geschichte und weltweit gab es Berichte über sie. Viele beteuern, schon einmal Elfen im Wald spielen gesehen zu haben. In einigen Überlieferungen gelten sie als fröhliche Schlingel, die auf Streiche und Unfug aus sind. Lasse diese Energie der Freude in deinen Alltag herein.

Die Botschaft der Elfen lautet:

◆ ◆ ◆

»Begrüße deine kindliche Unschuld.
Lege beschwerliche Verpflichtungen ab,
und gönne dir eine Auszeit.
Unternimm etwas, was dir Spaß macht,
und nähre damit deine Seele.
Für den Erhalt deines Wohlergehens ist
Freude genauso wichtig wie Nahrung.«

◆ ◆ ◆

ERDGEIST – BESTÄNDIGKEIT

In der trägen Stille eines warmen Sommernachmittags liegst du auf dem weichen Moos des Waldbodens und lauschst dem Herzschlag der Erde. Dessen Rhythmus steigt aus dem Boden zu dir empor. Jeder Schlag erinnert dich daran, wer du bist und was dir im Leben wirklich wichtig ist. Die stärkende und stabilisierende Energie der Erde füllt dich vollständig aus.

Es ist an der Zeit, über dein Leben nachzudenken und zu dir zu finden. Ziehe Bilanz darüber, wer du bist und wo du stehst. Ersinne Pläne für die Zukunft, aber verfolge sie erst dann, wenn du dir sicher bist, voranschreiten zu wollen. Jetzt ist eine Phase der Vorbereitungen und des In-sich-Gehens.

Dass du diese Karte gezogen hast, kann auch bedeuten, dass du nicht geerdet bist und mehr Stabilität in deinem Leben brauchst. Durchdenke deine Angelegenheiten, bevor du handelst. Nimm dir Zeit, deine Zukunft sorgfältig zu planen. Überstürze nichts, deine Kräfte wachsen noch. Du bist in Sicherheit und beschützt. Solltest du diese Karte ziehen und gerade über solide Geldinvestitionen nachdenken, dann stehen die Zeichen dafür günstig – es ist jedoch nicht der Moment für Risiken.

Der Erdgeist umsorgt Bäume, Blumen und alle Pflanzen, Bäche, Flüsse und Meere, Berge und Täler und unterstützt uns mit seinen Gaben. Sein Beistand ist verlässlich und stark. Du wirst von ihm geliebt und getragen, auch wenn dir das nicht immer bewusst ist. Die Saat, die du jetzt ausbringst, wird dir reiche Ernte bescheren – doch nur, wenn du dir Zeit nimmst, sie zu nähren.

Die Botschaft des Erdgeists lautet:

◆ ◆ ◆

»Finde in den Augenblick.
Komme zur Ruhe, und überlasse
den Trubel des Lebens sich selbst.
Erforsche deine Wurzeln.
Ehre deine Vergangenheit.
Gehe in die Tiefe,
und denke über dein Leben nach.«

◆ ◆ ◆

ESPE – MUT

Im Sacred Forest kannst du das Flüstern der Bäume im Espenhain hören. Dein Bewusstsein sinkt unter die Oberfläche, und dort nimmst du das Wurzelgeflecht der Espen wahr, über das jeder Baum mit den anderen Bäumen des Hains verbunden ist. Diese Verbindung macht die Bäume zu einem einzigen Organismus – auch auf der Seelenebene –, der Tausende von Jahren alt werden kann.

Wenn sich dir diese Karte zeigt, will sie dir Mut, Schutz und Gemeinschaft zusprechen sowie die Fähigkeit, Hindernisse anzugehen und zu überwinden. Sei dir gewiss, dass du beschützt und in Sicherheit bist. Du bist bereit, mutig und anmutig auf deinem Weg voranzugehen – es spielt keine Rolle, was sich dir vielleicht in den Weg stellen wird.

Das Wurzelgeflecht der Espen bedeutet dir, dich für die Unterstützung durch andere zu öffnen. Vereine deine Anstrengungen mit Gleichgesinnten. Was auch immer zu tun ist, du musst es nicht allein bewältigen. Vielleicht ist jetzt die Gelegenheit, dich mit anderen für ein künstlerisches Projekt oder eine Nachbarschaftsaktion zusammenzutun.

In der keltischen Tradition ist die Espe mit Gemeinschaft, Ausdauer und Schutz verknüpft. Die Kelten fertigten ihre Kampfschilde aus Espenholz, damit die Krieger sowohl auf spiritueller als auch körperlicher Ebene geschützt waren. So war die Seele gegen die schlimmsten Anfeindungen gefeit. Die Espe wurde als Lehrer der Furchtlosigkeit angesehen, sie spricht Stärke im Angesicht des Unbekannten zu.

Die Botschaft der Espe lautet:

◆◆◆

»Dein innerer Krieger ist bereit,
hervorzutreten und sich jeglicher Herausforderung,
jedem Hindernis des Lebens zu stellen.
Sei willens, Hilfe anzunehmen.
Sei furchtlos.«

◆◆◆

EULE – WEISHEIT

Die Sonne ist untergegangen, und du spürst, dass sich eine bemerkenswerte Transformation ereignet ... dein Körper verwandelt sich in eine Eule! Du breitest deine riesigen Schwingen aus und fliegst lautlos hinauf zur Spitze der höchsten Kiefer. Von dort überblickst du den mondbeschienenen Wald. Deine Sehkraft ist erstaunlich, du erkennst in der Dunkelheit noch die kleinsten Details. Auch dein Blickfeld weitet sich, und du nimmst die lichtvollen Gestalten der Naturgeister des Waldes wahr. Sie winken dir in Liebe und Mitgefühl zu.

Tiefe Erkenntnis, prachtvolle Erhabenheit und Anmut stehen dir nun auf Abruf zur Verfügung. Du brauchst dafür nur deine Aufmerksamkeit nach innen zu richten. Uraltes Wissen steigt in dir empor, und du kennst jetzt alle Wahrheiten. Vertraue deiner Intuition und deiner Wahrnehmung. Du bist ein Suchender und ein Verkünder der Wahrheit. Die hervorragende Sicht der Eule entspricht deiner Fähigkeit, die Wirklichkeit selbst unter den undurchsichtigsten Umständen zu erkennen. Wenn dich diese Karte erwählt, steht dir eine Zeit tiefgreifender Erleuchtung und Transformation bevor.

Auf der Schulter der Göttin Athene und des Zauberers Merlin sitzt eine Eule. Sie enthüllt heiliges Wissen. In einigen indigenen Kulturen wird die Eule auch »Nachtadler« genannt, denn sie ist von gleicher Majestät, jagt aber still und leise in der Dunkelheit der Nacht. Diese Karte kann ebenfalls offenbaren, dass es für dich an der Zeit ist, nicht nur dein inneres Licht, sondern auch deine Schattenaspekte anzunehmen. Nur dann wirst du in die Balance finden.

Die Botschaft der Eule lautet:

◆ ◆ ◆

»Habe Vertrauen in deine Fähigkeit, die Wahrheit jedes Menschen und jeder Situation zu erkennen.
Deine Weisheit mehrt sich auf geheimnisvolle Weise über die Grenzen deines Bewusstseins hinaus.
Dies ist eine günstige Zeit, an inspirierenden Veranstaltungen teilzunehmen.
Überall um dich herum werden sich Botschaften der Geistigen Welt zeigen: Halte Ausschau, und vertraue deinen Empfindungen.«

◆ ◆ ◆

FEUERGEIST – ENERGIE

Einer nach dem anderen schlagen gezackte Blitze in die Erde ein. Donner hallt durch den Wald – laut, grollend, krachend. Es scheint, als würden die Bäume daraufhin wie ein Wesen vibrieren, während der Feuergeist den Funken der Existenz erweckt. Außergewöhnliche Lebensenergie durchströmt dich und das Land. Du spürst, wie die Vitalität des Waldes majestätische Pracht entfaltet.

Handle! Jetzt ist nicht mehr die Zeit, dich zurückzuhalten. Unterdrücke nicht, was du fühlst, und lasse es nicht zu, dass andere dir deine Energie rauben. Wenn du versuchst, es allen recht zu machen, und die Bedürfnisse anderer erfüllst, ohne darauf zu achten, was du brauchst, dann wird sich dein Energiefeld erschöpfen und grau werden. Befreie dich von Beschränkungen, seien sie von dir selbst oder von anderen auferlegt.

Aktiviere deine Tatkraft und Leidenschaft. Lasse deinen Emotionen freien Lauf. Wellen von Energie werden dich durchströmen, wenn du spontan bist. Jedoch kann es sehr ermüdend sein, nur die eigenen Energiereserven aufzuwenden. Erlaube es dem Schöpfer, dich mit seinem Licht zu durchströmen. Sei bereit, zu empfangen – in dem Wissen, dass du nicht alles allein bewältigen musst. Das wird deine Seele erquicken und dir Zugriff auf beträchtliche Energie geben.

Die Kräfte des Feuers sind bekannt: Als eines der vier Elemente steht Feuer traditionell für Transformation, Leidenschaft, Strebsamkeit, Begeisterung, Kreativität und Aktion. In vielen Traditionen gilt das Feuer zudem als Bild für die Schöpfung selbst. Lasse dich von der Energie des Feuers zu Taten und Aktivitäten anregen. Jetzt!

Die Botschaft des Feuergeists lautet:

◆ ◆ ◆

»Vitalität, Lebensenergie und Leidenschaft unglaublichen Ausmaßes werden dich erfüllen. Sollte sich in dir das Gefühl breitmachen, dass dich die Erwartungshaltungen anderer auslaugen, so zögere nicht, dein inneres Feuer zu entfachen. Sei wahrhaftig, und offenbare das dich durchfließende Licht des Schöpfers.«

◆ ◆ ◆

FROSCH – ERNEUERUNG

Ein großer, goldbrauner Frosch ruht schwer auf einem Seerosenblatt in einem ruhigen Teich, während die warme, schläfrige Dämmerung der Nacht weicht. Sein wohlklingender, tiefer Gesang übertönt das ansteigende Zirpen der Grillen. Dann setzt ein ganzer Chor von Fröschen ein. Ihre Stimmen sind rau und fröhlich und hallen laut in deiner Seele wider. Eine Schar Kaulquappen hält sich am Rand des Teiches sicher verborgen und wartet geduldig und erwartungsvoll auf ihre Verwandlung.

Die drei Entwicklungsstadien des Frosches – Ei, Kaulquappe und ausgebildete Amphibie – stehen für Auferstehung, Transformation und Erneuerung. Diese Karte offenbart, dass sich in deinem Leben ein tiefgreifender Erneuerungsprozess ereignet. Es ist niemals zu spät, noch einmal neu zu beginnen. Auch wenn deine Vergangenheit vielleicht alles andere als erfolgreich verlief, bedenke, dass dies nicht bestimmt, was sein wird. Du kannst frisch und unbeschwert durchstarten. Wenn du jedoch weiterhin das tust, was du schon immer getan hast, wirst du das erhalten, was du schon immer erlebt hast. Um erfolgreich einen

Neuanfang zu gestalten, musst du die Dinge auf andere Weise angehen. Glück ist im Überfluss da – und wartet nur auf dich!

Denke über die verschiedenen symbolischen Bedeutungen des Frosches nach, und finde heraus, mit welcher du aktuell in Resonanz gehst: Im alten Ägypten stand der Frosch für Geburt und Wiedergeburt. Die Kelten glaubten, dass Frösche aufgrund der Nähe zum Wasser und der Verwandlung von einer Kaulquappe zur erwachsenen Amphibie Heilung verhießen. Auch in den Traditionen einiger amerikanischer Ureinwohner ist die »Medizin« des Frosches die Fähigkeit, durch Transformation des Lebens zu heilen. In China ist der Frosch ein starkes Zeichen für Wohlstand, gesunde Geburt und viel Glück.

Die Botschaft des Frosches lautet:

◆ ◆ ◆

»Lasse alle vorgefassten Meinungen darüber,
wie sich das Leben entwickeln sollte, los.
Sei flexibel und bereit, dich zu verändern.
Dann werden sich Fülle und Glück einstellen.«

◆ ◆ ◆

GEHEIME QUELLE – ERFOLG

Du stehst hinter einem Dickicht von Farnen am Rand eines geheimen Quellsees. Dein Blick gleitet über das stille Wasser, und du entdeckst eine Barke. Sie gleitet lautlos auf dich zu, ein glühendes Licht hängt an ihrem Bug. Die Fee der Quelle schwebt über dem Boot. Ihre Flügel strahlen und schimmern. Sie weiß, dass du da bist, und lächelt dir entgegen. Es heißt, wer der Fee der geheimen Quelle in einer sternenklaren Nacht begegnet, der wird mit Erfolg jenseits aller Maße gesegnet.

Alles ist möglich. Je mehr du den Erfolg wertschätzt, den du bereits errungen hast, desto mehr Erfolg wird in dein Leben strömen. Und je intensiver du ihn fühlst, desto mehr Liebe, Wohlstand, Ansehen und Glück wirst du genießen. Handle so, als ob, und fühle dich so, als ob, und du wirst unvorstellbar erfolgreich sein, und dir wird immer mehr gelingen. Akzeptiere, dass du bereits erfolgreich bist, und die Triumphe werden sich einfinden. Wenn dich eine Begebenheit umwirft, dann stehe auf und denke kurz darüber nach, was du daraus lernen kannst … und dann mache weiter.

Für die Kelten waren geheime Quellen verzaubert, und Wasser galt ihnen als der Ursprung des Lebens. In den Mythen entstiegen Zauberwesen wie Feenköniginnen und große Helden den Quellseen und kehrten später dorthin zurück. Die heiligen Quellen waren Orte der Verbindung mit dem Göttlichen. Gutes Geschick war denjenigen verheißen, die diese Verbindung würdigten.

Die Botschaft der geheimen Quelle lautet:

◆ ◆ ◆

»Erfolg wird in dein Leben strömen
und mit ihm Vitalität. Eine Erneuerung
deines Körpers hin zu strahlender Jugend
geschieht. Ergreife jetzt Maßnahmen
zur Unterstützung deiner Träume,
doch ohne zu kämpfen. Das Universum
steht hinter dir.«

◆ ◆ ◆

GEWUNDENER PFAD – FLOW

Du schlenderst einen Pfad entlang, ohne zu wissen, was hinter der nächsten Biegung liegt. Du genießt einfach den Augenblick, bestaunst das Spiel von Licht und Schatten auf den Blättern der Bäume und atmest die frische Waldluft ein. Alles ist gut. Du weißt, dass du dein Ziel nicht zu sehen brauchst – denn alles, was zählt, ist, die Reise dorthin zu genießen.

Wenn dir das Leben einen sich dahinschlängelnden Pfad statt einer geraden Straße zu deinem Ziel anbietet, kann das entmutigend wirken. Du kannst dich darüber beklagen, dass der Weg nicht zielführend und umständlich ist und du nicht erkennen kannst, was auf dich zukommen wird. Oder du genießt einfach die Reise. Wenn dein Leben aktuell aus Windungen, Kurven, Biegungen, Schleifen und Kehren zu bestehen scheint, verzweifle nicht, denn alles ist so, wie es sein sollte. Diese Karte rät dir, die Kontrolle darüber, wie der Weg weitergeht, aus der Hand zu geben und abzuwarten, wohin er dich führt.

Du brauchst nicht alle Antworten zu kennen, um erfolgreich zu sein. Für eine bemerkenswerte Zukunft musst du nicht wissen, was morgen sein wird. Lehne dich einfach zurück, und genieße die Reise deines Lebens. Du wirst genau dorthin gelangen, wo du für dein bestes Wohl sein sollst.

Die Botschaft des gewundenen Pfades lautet:

◆ ◆ ◆

»Alles wird sich auf beste Weise fügen,
wenn du dich dem mäandernden Fluss des Lebens
anvertraust. Lasse zu, dass dich die Wege dorthin
führen, wohin du gehen sollst.
Versuche nicht, etwas zu erzwingen
oder zu vermeiden. Lasse los, gib dich hin,
und genieße deine Reise.«

◆ ◆ ◆

Heckenrosenfee – Liebe

Der Duft der Heckenrose ist berauschend. Wie Parfüm umwirbelt er dich und strömt direkt in dein Herz. Mit jedem Atemzug öffnet sich dein Herz weiter. Die zartrosa Blütenblätter kontrastieren mit den dunkel glänzenden Laubblättern. Zwischen den Blüten flattert ein buntes Meer von Schmetterlingen umher. Magie liegt in der Luft!

Du bist überall von Liebe umgeben. Öffne dein Herz, um sie zu empfangen. Alle Erfahrungen im Leben sind ein großartiger Teil der spirituellen Entwicklung hin zu der Erkenntnis, dass wir alle Liebe sind.

Beim Thema Romantik findet derzeit ein Heilungsprozess in dir statt. Du bist ein geweihtes Gefäß, durch das Liebe hindurchfließt – zu dir, zu anderen und zum Universum. Heilung geschah, geschieht und wird geschehen.

Deine Engel und deine spirituellen Führer, Hüter und Verbündeten verehren und wertschätzen dich. Wenn du dich nur so sehen könntest, wie dich die Wesen der Geistigen Welt wahrnehmen, dann wüsstest du, wie unergründlich tief ihre Liebe, Anerkennung und Würdigung für dich ist! Lasse zu, dass der Schöpfer einen Teil deiner Herausforderungen auf wundersame Weise für dich bewältigt. Vertraue darauf, dass sich alles in deinem Leben auf elegante und optimale Weise entwickeln wird. Das Gegenteil von Liebe ist Angst. Gestatte es der Angst, sich aufzulösen, während sich die Liebe ausweitet.

Die Botschaft der Heckenrosenfee lautet:

◆ ◆ ◆

»Du erhältst mehr Wertschätzung,
als du dir womöglich vorstellen kannst.
Öffne dein Herz, um sie zu empfangen.
Die Liebe ist auf dem Weg.
Du bist ein unvergängliches Gefäß für die Liebe.
Du bist genau so richtig, wie du bist.«

◆ ◆ ◆

Hirsch – Führung

Auf einem bemoosten Hügel steht ein majestäti scher Hirsch, dessen Anmut und edle Wesensart förmlich greifbar sind. Jedes Mal, wenn er ausatmet, siehst du, dass sich Nebel um seine Nasenlöcher bildet. Seine Macht muss nicht erwähnt oder verkündet werden, sie ist offensichtlich.

In vielen Traditionen gilt der schwer zu fassende, geheimnisumwitterte weiße Hirsch als der König des Waldes. Aufgrund seines prächtigen Geweihs und seiner stolzen Haltung strahlt er Macht aus. Diese Karte fordert dich auf, in deinem Leben die Führungsrolle zu übernehmen. Tritt jetzt aus dem Schatten hervor und werde ein Leuchtfeuer für andere. Gestatte es niemandem, dein Licht zu schmälern.

Vielleicht wird dir eine Führungsposition angeboten. Selbst wenn du dich in der Vergangenheit stets im Hintergrund gehalten hast, ist jetzt der Moment gekommen, Verantwortung zu übernehmen und zu leuchten. Denke daran, dass nicht unbedingt das Alter, der Status oder das Einkommen bestimmen, ob man eine Führungskraft ist. Ein wahrer Anführer ist jemand, der dominant, leidenschaftlich und motivierend auftritt, jemand, der eine Vision hat und mit Klarheit und Tatkraft Entscheidungen trifft.

Die größten Führungspersönlichkeiten sind diejenigen, die zu dienen wissen und anderen ein Sprungbrett zur Verwirklichung derer Träume sind. Du bestärkst andere, indem du einfach du selbst bist … und du bist dazu in der Lage. Bist du willens, ins Licht zu treten und andere zu führen?

In den europäischen Überlieferungen steht der weiße Hirsch für außergewöhnliche Abenteuer. In anderen Traditionen ist er ein Feentier, das die Suche nach spiritueller Weisheit symbolisiert. Diese Themen werden womöglich in naher Zukunft in deinem Leben eine Rolle spielen.

Die Botschaft des Hirsches lautet:

◆ ◆ ◆

»Du inspirierst andere zu größeren Leistungen.
Tritt deine Führerschaft an. Du bist ein Leuchtfeuer,
sei es für andere oder für dich selbst.
Sei dir und anderen gegenüber sanftmütig,
mache dich jedoch nicht klein.
Handle, und übernimm die Verantwortung. Jetzt!«

◆ ◆ ◆

HÜTER DES FRÜHLINGS – ERWACHEN

Osterglocken durchbrechen die dunkle, fruchtbare Erde. An jedem Baum öffnen sich winzige grüne Knospen, während die Luft von vielfältigem Vogelgesang erfüllt ist. Plötzlich sind die ersten Blumen erblüht, und im Wald beginnt ein wildes Treiben kleiner und großer Kreaturen, die von der Energie des Frühlings erfüllt sind. Wieder hat ein neuer Zyklus begonnen.

Zögere nicht – jetzt ist der richtige Zeitpunkt, zu handeln! Es ist in Ordnung, wenn du zaghaft oder furchtsam bist. Stelle dich einfach deinen Ängsten – und handle trotzdem. Manchmal sollte man sich zurückziehen und jede einzelne Handlung bedenken, aber jetzt ist die Zeit für einen Neubeginn. Schreite mutig und selbstsicher zur Tat.

Womöglich erlebst du ein gewisses Durcheinander und Verwirrung, doch das gehört zu der aufregenden Zeit des Erwachens dazu. Lasse nicht zu, dass dein Impuls von diesen Unruhen gestört wird. Triff deine Entscheidungen zügig und zuversichtlich, und handle dann mit eiserner Entschlossenheit.

In früheren Zeiten hielten die Menschen Frühlingszeremonien ab, um das Alte zu verabschieden, das Neue einzuladen und diese Phase des Übergangs zu würdigen. Der Frühling galt als die Zeit des neuen Lebens und des Neuanfangs: Die Saat keimte, Küken schlüpften, Tiere gebaren ihren Nachwuchs ... Zudem steht der Frühling für Hoffnung, Erneuerung, Wachstum, Jugend und Liebe.

Die Botschaft des Hüters des Frühlings lautet:

◆ ◆ ◆

»Mache dich bereit,
denn große Veränderungen stehen bevor.
Dinge, die allmählich herangereift sind,
erwachen jetzt zum Leben. Wage etwas,
bleibe in Bewegung. Bereite dich auf eine Zeit
tiefgreifender Transformation und somit
des Umbruchs, der Schwankungen
und der Erneuerung vor.
Das Endergebnis wird herrlich sein!«

◆ ◆ ◆

Hüter des Herbsts – Loslassen

Von einem warmen Herbstwind getragen, umwehen dich rote, orange, gelbe und braune Blätter. Der Windgeist lenkt einen sanften Windstoß so, dass er Blätter in einem Tanz von Licht und Farben kreisend nach oben fliegen lässt. Im Kreislauf des Lebens verlieren die Bäume im Herbst ihre Blätter, auf dass im Frühling wieder Wachstum geschehe. Dies ist ein Teil des ewigen Werdens und Vergehens.

Gib auf, und alles wird gut. Du musst nicht alles allein bewältigen, der Schöpfer steht dir zur Seite. Loslassen kann viele Themen heilen: das Bedürfnis, die Kontrolle zu behalten, den Druck aufgrund unerfüllter Erwartungen, die Angst vor Entscheidungen, die Anspannung, die Handlungen anderer in bestimmte Bahnen lenken zu wollen … All diese Dinge führen zu Unzufriedenheit. Durch Loslassen machst du den Weg frei für Entspannung, Heilung und Erfolg.

Natürlich gibt es auch Momente, in denen du etwas festhalten musst, als hinge dein Leben davon ab. Doch jetzt heißt es für dich, aufzugeben, dich hinzugeben. Du unterliegst keinen Kräften im Außen, sondern du öffnest dich deiner inneren Führung, deiner Seele. Wenn du loslässt, können die kosmischen Schöpferkräfte durch dich hindurchströmen.

Indigene Kulturen mit starkem Bezug zum Element Erde erkannten, dass den vier zentralen Kraftpunkten des Jahresverlaufs – die Frühlings- und die Herbsttagundnachtgleiche sowie die Sommer- und die Wintersonnenwende – eine große spirituelle Bedeutung innewohnt. Diesen Völkern galt der Herbst als Zeit der Entschleunigung und des Wandels, der Besinnung, der Ernte und der Vorbereitung auf die nächste Jahreszeit.

Die Botschaft des Hüters des Herbsts lautet:

◆ ◆ ◆

»Lasse die Geistige Welt die Kontrolle übernehmen.
Du brauchst nicht alles selbst zu erledigen.
Gib frei, was auch immer dir nicht mehr dienlich ist.
Entrümple dein Leben. Öffne einfach dein Herz,
lasse los, und erlaube der Geistigen Welt,
dich zu unterstützen und dir zu helfen.«

◆ ◆ ◆

HÜTER DES LANDES – SCHUTZ

»Du bist in Sicherheit.« Diese Botschaft, die wie ein Echo in deiner Seele hallt, scheint aus dem Boden emporzusteigen und von den Bäumen verbreitet zu werden. Du hörst sie immer wieder. Die heiligen Hüter des Landes flüstern dir zu: »Du bist in Sicherheit.« Du weißt, dass du beschützt und versorgt bist. Du spürst, wie sich Ranken liebevoller Energie um dich legen und dich umarmen. Diese unbändige Energie hüllt dich in einen schützenden Kokon ein.

Du bist richtig so, wie du bist. Was auch immer in der Vergangenheit geschah, die Wahrheit ist, dass du bedingungslos so ganz und gar richtig bist, wie du bist. Du wirst geliebt und wertgeschätzt.

Kümmere dich nicht um das, was im Außen auf dich einstürmt, auch nicht um die Urteile und Erwartungen anderer. Du bist durch dein eigenes Energiefeld geschützt.

Diese Karte kann in Erscheinung treten, wenn es notwendig ist, dass du handelst, um deine Energie zu schützen. Du bist auch selbst für dein Wohlergehen verantwortlich, wenngleich dir die Hüter des Landes dabei zur Seite stehen werden.

Visualisiere einen Schutzschild, der dich und dein Heim umspannt. Verbringe Zeit mit Menschen und bei Ereignissen, die deine Energie anheben statt sie zu schwächen.

Die Botschaft der Hüter des Landes lautet:

◆ ◆ ◆

»Du bist in Sicherheit
und von einem Schutzschild umgeben.
Du bist nicht allein, denn dein Leben
wird von höheren Mächten bewacht.
Diese ermöglichen es dir,
dich in große Höhen aufzuschwingen.«

◆ ◆ ◆

Hüter des Sommers – Wachstum

Der Hüter des Sommers ist im Heiligen Wald eingetroffen. Große Mengen violetter Beeren hängen schwer an den Ranken. Die Apfelbäume sind beladen mit reifen, rot glänzenden Früchten. Das Gras steht hoch. Der Wald ist erfüllt vom Summen der Bienen und vom schweren Duft der Blumen.

Vitalität, Gesundheit, Erfolg, Fülle, Heilung und Leidenschaft werden dein Leben erfüllen. Du darfst dich aber nicht zurücklehnen und darauf warten, dass dies einfach so passiert. Die Energie des Sommers ist die Energie des leidenschaftlichen Strebens in die Richtung der eigenen Träume. Gib alles, was du hast, und du wirst reiche Belohnung erhalten. Setze dich nicht auf die Ruhebank. Arbeite hart, kämpfe. Deine Mühen werden sich auszahlen.

Wenn du dich in dieser Zeit zurücknimmst und deine Gefühle unterdrückst, wirst du dich ausgelaugt fühlen, und deine Seele wird leiden. Dies ist nicht die Zeit, sich vorrangig um andere zu kümmern, sondern die Zeit, mit Freude und Begeisterung voranzugehen. Du wirst später froh sein, so gehandelt zu haben.

In der Sommerzeit steht uns die meiste Erdenergie zur Verfügung. Dann können wir auch auf die größte Menge an Tageslicht und spiritueller Energie zugreifen, sodass die Kraft der Sonne in unser Herz strömt.

Die Botschaft des Hüters des Sommers lautet:

◆ ◆ ◆

»Arbeite mit Hingabe. Halte dich nicht zurück.
Schreite mutig in die Richtung deiner Träume,
um später die Ernte einzufahren.
Deine Anstrengungen werden mit Fülle,
Überfluss und Schönheit belohnt werden.
Feiere, und genieße die Früchte deiner Arbeit.«

◆ ◆ ◆

HÜTER DES WINTERS – RÜCKZUG

Die Nacht bricht herein, und es wird kälter. Auf deinem Weg durch den Schnee erreichst du eine kleine Hütte. Ein goldenes Licht flackert durch die Fenster. Du klopfst dir den Schnee von den Schuhen, öffnest die Tür und trittst ein. Sofort umfangen dich die Hitze des Feuers im Ofen und der verlockende Duft der darauf stehenden Suppe. Ein großer Polstersessel erwartet dich. Du machst es dir darin gemütlich und wärmst dich am Feuer auf.

Diese Karte zeigt dir an, dass es an der Zeit ist, dich von Menschen und Begebenheiten zurückzuziehen, die dich nicht stärken oder unterstützen. Lasse alles und jeden los, das oder der dir Kraft entzieht. Schütze dich gegen alle Einflüsse in deinem Leben, die nicht wirklich positiv sind. Erneuere deine Energien. Lasse deine Träume für die Zukunft langsam reifen. Schmiede Pläne für morgen, aber bedenke dabei, dass jetzt die Zeit des Ausruhens und der Erholung ist.

Der Winter ist die Zeit der Erneuerung der inneren Ressourcen. Pflege deinen Körper und deine Gesundheit. Repariere und ordne Gegenstände deines Haushalts. Bringe in deinem Leben alles in Ordnung, was nicht mehr funktioniert. Versenke dich in die heilige Stille, um darin die gesuchten Antworten zu finden. Ein Schub Frühlingsenergie wird bald kommen, und es ist wichtig, dass du Grundlagen schaffst und vorbereitet bist, sonst wird er dich vielleicht überwältigen und aus der Bahn werfen.

Spirituell betrachtet ist der Winter die Jahreszeit des Rückzugs und der Erneuerung. Die Zeit, still zu sein und Bilanz über das Leben und die Zukunft zu ziehen. Der Hüter des Winters rät uns, die Hektik des Lebens einmal auszusperren … und uns zu entspannen.

Die Botschaft des Hüters des Winters lautet:

◆ ◆ ◆

»Suche die tiefe Stille in dir. Ziehe dich zurück.
Verbessere und erneuere deinen Körper,
deinen Besitz, deine Beziehungen.
Erforsche dein Leben, und nimm, wo erforderlich,
Anpassungen vor. Beobachte deine nächtlichen
Träume. Meditiere. Halte Ausschau
nach Botschaften der Geistigen Welt.«

◆ ◆ ◆

HÜTTENSÄNGER – FRÖHLICHKEIT

Dem süßen Gesang von Vögeln folgend, gehst du in den Wald hinein. Du entdeckst schließlich die Quelle des Gesangs: In den Bäumen über dir siehst du einen Schwarm Hüttensänger. Die helle Farbe ihrer Flügel schillert im Sonnenlicht. Ihr Gesang umfängt dich wie eine Umarmung der Glückseligkeit.

Diese Karte ist ein Omen der Freude. Feiere, und habe Spaß! Umarme das Leben, dich selbst und andere. Bejahe das Hier und Heute! Steige empor in die Wolken, und erlaube deinen Zweifeln, sich aufzulösen. Alles wird gut. Es ist ganz einfach: Dein Lebenssinn besteht darin, Glück zu empfinden. Das ist alles, was von deiner Seele erwartet wird. Du solltest nicht unglücklich sein, nur, um jemand anderem zu gefallen.

Ganz gleich, wie die Umstände aussehen, es gibt immer etwas, was dir Freude bereiten kann. Das, worauf du deine Aufmerksamkeit lenkst, wird wachsen. Wenn du dich auf die Bereiche deines Lebens konzentrierst, die dich glücklich machen, wird dein Glück zunehmen.

Einer der schnellsten Wege zu wahrem Vergnügen ist, zu teilen und zu geben. Verschenke daher dein Herz, und teile deine Liebe mit anderen. Freude steckt an und verbreitet sich wie ein Lauffeuer. Also tanze und singe mit Hingabe, denn Glücklichsein ist ein Geburtsrecht in diesem Universum. Sprich folgende Affirmation aus: »Freudige Ekstase durchströmt mich, wild und frei.«

Die Botschaft des Hüttensängers lautet:

◆ ◆ ◆

»Alles wird gut. Bejahe das Leben,
und vergiss deine Zweifel. Warte nicht auf morgen,
lebe dein Leben jetzt in all seiner Fülle.
Du brauchst nicht zu kämpfen oder zu leiden,
um voranzukommen – umgeben von Freude
wirst du schneller wachsen als je zuvor.«

◆ ◆ ◆

KIEFER – REINIGUNG

Die Kiefern des Heiligen Waldes sind von einer zarten Schneeschicht bedeckt. Du kannst die beeindruckende Lebenskraft spüren, die selbst im tiefsten Winter jeden dieser Bäume durchströmt. Als du einen Ast streifst, löst sich der Schnee und fällt sanft auf den Waldboden. Bereits die leichteste Berührung der Kiefernnadeln sorgt dafür, dass dein gesamtes Energiefeld gereinigt wird.

Dein Energiefeld wurde von allem befreit, was nicht mehr benötigt wird. Traditionell werden Kiefernzweige in Reinigungszeremonien verwendet. (Das ätherische Öl der Kiefer wirkt sowohl antibakteriell als auch antiseptisch und wird entsprechend zum Schutz eingesetzt.) Das Erscheinen dieser Karte fordert dich auf, das loszulassen, was dir nicht länger dient, dich nicht länger unterstützt oder stärkt. Nimm Abstand von allem, was dir freudlos oder düster erscheint.

Reinige deinen Körper und dein Umfeld, putze, räume auf, schaffe Ordnung. Wenn deine Aura überladen und dein Energieniveau niedrig ist, kannst du die Welt nicht deutlich wahrnehmen und wirst Schwierigkeiten haben, die Botschaften der Geistigen Welt zu vernehmen.

Es ist an der Zeit, wieder in die Leichtigkeit des Seins zu finden. Nimm bekömmliche Nahrung zu dir, und lebe unbeschwert. Damit ein neuer, glanzvoller und hoch schwingender Lebensabschnitt beginnen kann, ist es unerlässlich, das Alte gehen zu lassen. Nur dann kann das Licht, das dich durchströmt, dein Leben lang strahlen und anderen Menschen helfen. Mache den Weg dafür frei.

Die Botschaft der Kiefer lautet:

◆ ◆ ◆

*»Lasse all das los, was alt, vergessen
und ungenutzt ist. Reinige und entrümple
dein Zuhause, deinen Körper und dein Leben.
Gib frei, was dir nicht länger dient,
dich nicht mehr unterstützt.
Nimm dir Zeit für eine vollständige Befreiung
deiner selbst. Anschließend wirst du dich
fröhlicher fühlen und ein gereinigter
Kanal für das Licht sein.«*

◆ ◆ ◆

KOLIBRI – FREUDE

Im Heiligen Wald sind die Kolibris von einer unglaublich schönen Aura umgeben, die schimmert und glitzert. Mit jeder Blume, in die sie eintauchen, verändern sich die Farben der Aura und die Schwingung ihrer Energie. Die Kolibris schweben ohne Furcht direkt vor dir in der Luft und leuchten in vom Sonnenlicht schillernden Farben. Das Schwirren ihrer Flügel klingt wie ein kosmisches »Om«.

Öffne dein Herz für Geselligkeit und Spaß! Wer hat behauptet, dass du leiden müsstest, um dich zu entwickeln? Deine Seele wächst und gedeiht ungezügelt, wenn du deinem Glück folgst und deine Liebe zum Ausdruck bringst. Umarme das Leben, dich selbst und auch andere – zögere nicht.

Wenn du darauf wartest, dass die Umstände sich ändern, bevor du dir erlaubst, glücklich zu sein, kannst du womöglich lange warten. Das Leben verändert sich fortwährend. Wenn du dein Glück nicht jetzt in die Hand nehmen willst, wann dann?

Dein Lebenszweck besteht darin, Freude zu erfahren! Widme dich jetzt dieser Aufgabe, und schütze dabei deine persönlichen Grenzen. Du musst nicht alles auf einmal erledigen, aber du musst damit anfangen. Glück verbreitet sich wie ein Lauffeuer und hilft dabei, die Welt zu heilen.

Obwohl Kolibris winzig sind, sind sie in der Lage, weite Strecken zurückzulegen und rückwärts zu fliegen. Ihr Sein verdeutlicht uns, dass es im Leben nicht so sehr darum geht, ein Ziel zu erreichen. Es geht um die Freude an der Reise.

Ein Kolibri fliegt pro Tag etwa 1000 Blüten an. Weil sie enorme Mengen an Energie aufwenden müssen, brauchen sie auch regelmäßige Ruhezeiten. Nimm dir ein Beispiel an ihnen, und denke rechtzeitig daran, dich auszuruhen.

Die Botschaft des Kolibris lautet:

◆ ◆ ◆

»Regeneriere dich.
Wahre Freude findet sich ein, wenn du die
Wünsche deiner Seele verfolgst. Leben ist Wandel.
Sei offen für Veränderungen, und strebe danach,
das Glück im Augenblick wahrzunehmen.
Lote deine Grenzen aus, und bleibe stark.
Entdecke deine Freude, und alles wird gut!«

◆ ◆ ◆

KRISTALLHÖHLE – VERTRAUEN

Du stehst vor dem Eingang einer Höhle, kannst jedoch nicht in sie hineinsehen. Und obwohl du nicht weißt, was dich innen erwartet, bist du voller Zuversicht. Du erkennst, dass es dir bestimmt ist, hineinzugehen. Du weißt, dass du in Sicherheit bist. Du atmest tief ein … und machst einen ersten Schritt vorwärts.

Höhlen gelten seit Langem als geheime Zugänge zu mystischen Kräften und Mächten. Manche schamanischen Weiherituale fanden in Höhlen statt, weil man glaubte, es seien Orte zur Erweckung der Intuition. Das Erscheinen dieser Karte fordert dich auf, deiner Intuition zu vertrauen, wohin auch immer sie dich führen wird. Vertraue dir, und sei dir gewiss, dass du von höheren Mächten geleitet wirst … auch wenn dich Zweifel überkommen. Traue deinen Gefühlen bei der Einschätzung von Menschen oder Situationen. Du wirst immer genau dort sein, wo du gebraucht wirst.

Vertrauen ist die Grundlage des Manifestierens. Alles ist entstanden, weil jemand daran glaubte, dass es möglich war … und Geduld ist unerlässlich bei der Anwendung dieses Prinzips. Veränderung kann sich in einem Wimpernschlag ereignen, einige Dinge benötigen jedoch Zeit. Übe dich bitte in Geduld, und sei dir gewiss, dass es geschehen wird. Was auch immer deine Aufmerksamkeit und Pflege erhält, wird gedeihen. Glaube daran! Du hast deine Saat ausgebracht, nun gib ihr Zeit, zu wachsen.

In Kulturen überall auf der Welt symbolisiert die Höhle die Gebärmutter, den Ursprung des Lebens. In Höhlen suchten die Menschen der Frühzeit Zuflucht und Schutz. Sei dir gewiss, dass du in der Tiefe der Kristallhöhle in Sicherheit und beschützt bist.

Die Botschaft der Kristallhöhle lautet:

◆ ◆ ◆

»Lasse los. Erlaube es deiner klaren
und fokussierten Intuition, sich frei zu entfalten.
Folge den kleinen Impulsen deiner Seele.
Höre anderen zu, aber vertraue letztlich
deinem Instinkt.«

◆ ◆ ◆

LIBELLE – WANDEL

Du beobachtest, wie eine Libelle elegant und anmutig über die Oberfläche des Waldteiches huscht. Flügel und Körper der Libelle schillern in einem Meer von Farben, das sich verändert, je nachdem, wie das Licht darauffällt. Sie schwebt, fliegt rückwärts, zuweilen saust sie sogar auf dem Rücken durch die Luft – anscheinend voller Freude.

Diese Karte lässt dich wissen, dass es völlig in Ordnung ist, die Richtung zu wechseln. Du darfst deine Meinung ändern. Du musst nicht auf Schritt und Tritt konsequent sein. Nutze jetzt die Gelegenheit, die Erwartungshaltungen und Traditionen anderer abzulegen. Mehr noch: Du bist aufgefordert, deine eigenen Traditionen zu begründen! Du kannst dein Selbst völlig frei zum Ausdruck bringen und deine Seele fliegen lassen.

Libellen sind Akrobaten der Lüfte. Sie können nicht nur rückwärts, sondern auch rücklings fliegen oder sich komplett um die eigene Achse drehen … und dabei wirken sie so anmutig. Die Libelle fordert dich auf, dir ein Beispiel an ihrem furchtlosen Wagemut zu nehmen. Erlaube auch dir, unvorhersehbar zu handeln. Nur weil etwas

»schon immer« so gehandhabt worden ist, bedeutet das nicht, dass es auch weiterhin so geschehen muss. Auch wenn du nicht die genauen Umstände deines Lebens beeinflussen kannst, bestimmst du doch, welche Bedeutung du ihnen beimisst. Konzentriere dich auf das, was dich in deine Kraft bringt, denn jetzt heißt es, sorgenfrei, wild und unberechenbar zu sein.

Libellen sind uralt, sie erhoben sich schon vor 300 bis 350 Millionen Jahren in den Himmel. Sie haben sich über Tausende von Jahren immer wieder angepasst und konnten so die Zeiten überdauern. Das gelang anderen Geschöpfen nicht. Libellen sind Meister des Wandels – und dir eine Erinnerung, dass Veränderung dich heilen wird.

Die Botschaft der Libelle lautet:

◆◆◆

»Wenn du willens bist, deinen Blickwinkel zu verändern, dann winkt dir ein glückliches Schicksal. Manchmal musst du einen Schritt zurückgehen, um vorwärtszukommen. Wenn Menschen älter werden, fällt es ihnen schwerer, sich auf den Wandel einzulassen. Willst du also jung bleiben, dann sei bereit, Veränderungen ohne Zögern anzugehen.«

◆◆◆

LUFTGEIST – WISSEN

Als du in der Mitte des Waldes stehst, liebkost eine zarte Brise deine Wangen. Sanfte Böen bringen die Blätter über dir zum Rascheln, und der Luftgeist fährt in einem Boot aus Licht und Wind heran. In der einsetzenden Stille kannst du seine Botschaften wahrnehmen.

Du ziehst diese Karte, wenn es erforderlich ist, dass du gründlich über die Dinge nachdenkst. Jetzt ist nicht die Zeit für impulsives Handeln. Reagiere nicht mit deinen Instinkten auf Situationen und Menschen. Betrachte die verschiedenen Standpunkte. Forsche nach. Höre anderen zu. Sei wahrhaftig. Nimm dir Zeit, das Für und Wider einer Situation abzuwägen.

Jetzt ist eine hervorragende Gelegenheit, ein neues Projekt zu beginnen oder ein Wagnis einzugehen. Es wird dir glücken, solange du gewissenhaft, strukturiert und konzentriert bleibst. In dir sprudelt eine beachtenswerte Quelle der Weisheit. Atme langsam und tief, und vertiefe dich in dieses Wissen. Es wird dir die richtige Richtung weisen.

Luft steht für Weisheit, unsere geistige Aktivität und unsere Fähigkeit zur Vernunft, im Weiteren für Gedanken, Intellekt, Kommunikation und Verstehen. Mithilfe unseres Atems können wir sprechen und unsere Gedanken ausdrücken.

Unser Leben beginnt mit einem ersten Atemzug, daher werden mit dem Element Luft auch Neuanfänge verbunden. Der Luftgeist wacht über Freundschaft, Klarheit und den Fokus auf das Positive im Leben.

Die Botschaft des Luftgeists lautet:

◆ ◆ ◆

»Atme.
Erlaube dir, einen Moment lang über
deine Angelegenheiten nachzudenken.
Lenke dein Denken und dein Fühlen in die
richtige Richtung. Finde zu Klarheit, und
fokussiere dich, bevor du den nächsten Schritt
unternimmst. Achte darauf, in der Kommunikation
mit anderen achtsam zu sein.«

◆ ◆ ◆

Nebelmoor – Geduld

Der Nebel im Wald ist so dicht, dass du die Hand vor Augen nicht sehen kannst. Du machst einen Schritt nach vorn, und der Boden ist weich und schwammig. Du bemerkst, dass du dich in einem Moor befindest. Wenn du nun weitergehst, riskierst du, tiefer im Schlamm zu versinken. Es wird das Beste sein, stillzuhalten und darauf zu warten, dass der Nebel sich lichtet.

Die Nachricht dieser Karte lautet: Werde still und ruhig. Jetzt ist nicht der rechte Augenblick, weiterzugehen. Es ist sehr schwer, auszumachen, was in der Zukunft liegt, und womöglich sind die Dinge in Wahrheit anders, als sie zunächst erscheinen. Auch vermeintlich eindeutige Ereignisse können völlig entgegengesetzt zu bewerten sein.

Wie der Reiher mit großer Geduld darauf wartet, dass ein Fisch auftaucht, so musst auch du innehalten und zulassen, dass sich die Wahrheit zeigt. Wenn die Sichtverhältnisse unklar sind, kann deine Vorstellungskraft vorauseilen und deine inneren Sinne anfachen. Wartest du lang genug, so wird dein sechster Sinn erwachen. Lausche deinen tiefsten Sehnsüchten, und beachte diese scheinbar zufälligen Gedanken.

Wasser steht für Emotionen, Gefühle und das Unbewusste. Wenn Wasser als Nebel in Erscheinung tritt, verschleiert es die wahre Gestalt der Dinge. Dann können wir unseren Weg weniger klar erkennen als bei ungetrübtem Licht. Gehen wir weiter, laufen wir Gefahr, in saurem, matschigem Moorboden und verrottendem Pflanzenmaterial gefangen zu werden. Beherzige die Warnung, die Emotionen nicht unkontrolliert Besitz von dir ergreifen zu lassen.

Die Botschaft des Nebelmoors lautet:

◆ ◆ ◆

»Habe Geduld.
Warte ab, bis sich die Nebel gelichtet haben,
bevor du zur Tat schreitest.
Die Wahrheit wird mit der Zeit ans Licht kommen,
wenn du dich in die Dinge vertiefst.
Folge deiner Intuition.«

◆ ◆ ◆

OSTERGLOCKENFEE – NEUBEGINN

Du spürst, wie dir jemand auf die Schulter tippt, und dann siehst du einem gelben Blitz gleich die Osterglockenfee an dir vorbeisausen. »Das Beste kommt noch! Es ist Zeit für einen Neubeginn!«, ruft sie mit hoher, verlockender Stimme. Voller Freude stürmst du ihr in den Wald hinterher.

Das Leben verläuft in Zyklen. Den Regeln der Erde folgend, sterben im Herbst die Pflanzen, damit im Frühling alles neu wachsen kann – es ist der ewige Tanz von Tod und Wiedergeburt. Und so gibt es Zeiten für das Ende und Zeiten für den Anfang. Jetzt schließt ein Abschnitt deines Lebens, und ein neuer beginnt – so, wie der Frühling auf den Winter folgt.

Für uns symbolisiert die Osterglocke den Frühling, denn sie ist eine der ersten Blumen, die nach dem Schnee in Erscheinung treten. Aufgrund ihrer Form denken wir an eine Trompete, die die neue Jahreszeit begrüßt, und ihre Farbe verheißt Vitalität und strahlenden Sonnenschein. Das Auftauchen dieser Karte rät dir, eine neue Seite im Buch deines Lebens aufzuschlagen. Lasse Altes los, und fange neu an.

Mitunter ist es schwierig, vertraute Abläufe, Situationen oder Beziehungen hinter sich zu lassen, die einen nicht länger nähren. Dein Höheres Selbst ermutigt dich, nicht im Alten zu verharren, sondern in neue Gewässer aufzubrechen. Vielleicht hast du Angst vor dem Loslassen. »Stelle dich deiner Angst, und erlaube dir, dich in eine neue Richtung zu entwickeln«, fordert dich dann die Osterglockenfee auf. Der Schöpfer wird dir beistehen, und wundervolle Gelegenheiten werden sich dir eröffnen. Du findest zu Ganzheit, wenn du sowohl das Ende als auch den Anfang der Dinge bejahst.

Die Botschaft der Osterglockenfee lautet:

◆ ◆ ◆

»Es ist an der Zeit, ein neues Projekt
oder einen neuen Abschnitt zu beginnen.
Lebenskraft und Vitalität erwachen.
Lasse gehen, was dir nicht länger dient oder
dich nicht mehr unterstützt.
Schaffe Raum für einen Neubeginn –
und der Erfolg wird sich einstellen.«

◆ ◆ ◆

PEGASUS – ÜBERWINDUNG

Halte dich an der Mähne fest!
Pegasus erhebt sich, mit dir auf seinem Rücken, dem Himmel entgegen. Während das geflügelte Ross immer höher steigt, spürst du seine Muskeln unter dir arbeiten und den Wind an dir vorbeirauschen. Dir wird seine Kraft, Pracht und Macht deutlich bewusst, als dir der Himmel immer näher kommt.

Die Geschichte ist voller Mythen und Legenden über ein geflügeltes Pferd, das die Seele beschützt. Der Pegasus symbolisiert die Unsterblichkeit der Seele und die Reise in den Himmel. Das Erscheinen dieser Karte ist ein Zeichen: Stelle dich auf einen tiefgreifenden Impuls für deine spirituelle Entwicklung ein! Eine gewaltige Transformation steht bevor. Große Dinge werden dir möglich. Sei bereit, über etwaige Widrigkeiten einfach hinwegzufliegen.

Der Aufstieg des Pegasus über die Reiche des Irdischen ermöglicht dir eine höhere, himmlische Perspektive. Nimm dir Zeit zum Meditieren, und dir werden sich tiefe Einsichten in dein Leben offenbaren. Du bist aufgefordert, die gegenwärtige Situation von höherer Warte aus zu betrachten.

Halte dich aus den Dramen und emotionalen Spielchen anderer heraus.

In einigen Erzählungen wird beschrieben, dass dort, wo die Hufe des Pegasus die Erde berühren, neue Quellen entspringen und neues Leben beginnt. Der griechischen Mythologie zufolge erweckte Pegasus die neun Musen – die Schutzgöttinnen der Kreativität, Musik und Poesie sowie der bildenden Künste, Geisteswissenschaften und Naturwissenschaften – und freundete sich mit ihnen an. Daher ist er auch ein Symbol für das Kreative. Diese Karte fordert dich auf, dich zu konzentrieren – auf deine unglaubliche Schöpferkraft, deine Vitalität und dein spirituelles Erwachen!

Die Botschaft des Pegasus lautet:

◆ ◆ ◆

»Du bist auf einer Pilgerfahrt deiner Seele. Es ist an der Zeit, die Schwere irdischer Lasten zu überwinden. Fliege über die Ereignisse hinweg, die dich herunterziehen wollen. Mische dich nicht in die Dramen anderer ein. Wenn du dich daran erinnerst, dass du dem Geistigen entsprungen und unvergänglich bist, werden sich alle herausfordernden Situationen auflösen. Erwarte einen tiefgehenden Wandel.«

◆ ◆ ◆

PHÖNIX – VERWANDLUNG

Am Rand des Waldes erhebt sich ein Berg. Der Weg hinauf auf den Gipfel ist lang und beschwerlich. Er ist teilweise unter Erde, Geröll und Felsbrocken verschüttet, weshalb du kaum erkennen kannst, was vor dir liegt. Dennoch kletterst du voran, weil du weißt, dass dich etwas ganz Besonderes erwartet. Als du schließlich den Gipfel erreichst und über einen Felsen schaust, fällt dein Blick auf einen großen Scheiterhaufen. Ein alter, matter Phönix mit hängenden Flügeln taucht auf und wirft sich in das Feuer. Die Flammen schlagen hoch und höher. Als sie erlöschen, steigt aus der Asche ein neuer Phönix empor, dessen leuchtende Farben sogar die Sonne überstrahlen. Er sieht dich mit ungezügelter Wildheit unverwandt an, bevor er vom Berggipfel aus in die Lüfte hinaufsteigt.

Dein Leben wird sich verändern. Vielleicht auf eine Art und Weise, die du nicht erwartest, aber es wird sicherlich wunderbar werden. Verwandlung ist der Übergang von einem Element in ein anderes oder von einem Seinszustand in einen anderen. Der Phönix ist weithin bekannt für seine Verwandlung im Feuer. In den Flammen lässt er sein altes, ermüdetes Selbst zurück und wird als freier Vogel voller Wildheit und Leidenschaft wiedergeboren.

Etwas, wovon du vielleicht dachtest, dass es immer so bleiben würde, verändert sich – in etwas Wundervolles. Dies bedeutet nicht, dass es zu Ende geht, sondern, dass es frisch und strahlend neu beginnt. Begebenheiten, die glanzlos erschienen, verwandeln sich in fantastische Möglichkeiten. Lasse Erwartungshaltungen und begrenzende Gedanken los, denn die Dinge sind anders, als sie zu sein scheinen.

Die Botschaft des Phönix lautet:

◆ ◆ ◆

»Deinem Leben steht eine umfassende Veränderung bevor. Auch wenn es sich vielleicht wie ein Ende anfühlt: In Wirklichkeit ist es ein Anfang.
Du wirst aus den Flammen, der Asche emporsteigen und in einen neuen Lebensabschnitt eintreten.
Manche Bereiche deines Lebens mögen derzeit von Nebeln verhangen sein, doch dies ist nur die Zeit der Klärung vor der Wiedergeburt.
Halte durch, alles wird gut!«

◆ ◆ ◆

PILZE – WACHSTUM

Obwohl der Waldboden ruhig und untätig aussieht, ist unter seiner Oberfläche eine Art Zauber am Werk: Pilze wachsen dort und warten. Wenn dann die richtigen Umstände herrschen, schießen sie überall aus dem Boden. Das geschieht so schnell, dass es magisch wirkt, doch eigentlich fanden die Vorbereitungen lange Zeit im Verborgenen statt. Die Feen und Elfen feiern und tanzen dort, wo die Pilze Kreise bilden.

Dinge, die unter der Oberfläche herangereift sind, kommen nun zum Tragen. Werde dir deiner Ziele und Träume klar, und sei bereit! Schnelles Wachstum steht bevor. Damit deine Ziele und Träume Wirklichkeit werden können, musst du dir gegenüber absolut ehrlich darüber sein, was du willst. Frage dich: Will ich das wirklich? Glaube an Wunder!

In nächster Zeit begegnest du vielleicht einem spirituellen Führer oder schlägst neue geistige Wege ein. Womöglich wird dir bewusst, dass du anderen Menschen Impulse für deren spirituelles Wachstum gibst, indem du einfach der bist, der du bist. Vergewissere dich, dass deine Grundlagen geschaffen sind, denn sobald das Wachstum eingesetzt hat, wirst du dich auf der Reise deines Lebens befinden.

Pilze sind uralt. Vor 1,3 Milliarden Jahren waren sie die ersten Organismen, die das Wasser verließen und das Leben an Land begründeten. Die unscheinbaren Vorfahren der Hutpilze sind so wichtig, dass keiner unserer heimischen Nadelbäume ohne die Leben spendenden Eigenschaften ihrer miteinander verbundenen, faserartigen Wurzelgeflechte überleben könnte, denn diese versorgen alles Leben mit proteinreicher Nahrung. Die Qualitäten des Wachsens und Gedeihens durch alle Zeiten hindurch machen die Pilze zu einzigartigen Überlebenskünstlern.

Die Botschaft der Pilze lautet:

◆ ◆ ◆

»Unter der Oberfläche deines Lebens
ereignen sich wundervolle Veränderungen.
Etwas, was du für gewöhnlich hieltest,
ist tatsächlich bemerkenswert.
Du befindest dich in einer Phase
rasanten spirituellen und materiellen Wachstums.
Mache dich bereit – es könnte
eine wilde Fahrt werden!«

◆ ◆ ◆

RABE – WAHRHEIT

Als du aufblickst, bemerkst du auf einem Ast einen Raben, der dich eingehend betrachtet. Es scheint, als würde er direkt in deine Seele blicken. Er stößt sich ab und landet schwungvoll auf deiner Hand. Du staunst, als er zu sprechen beginnt und von den tieferen Wahrheiten deines Lebens erzählt. Er rät dir, dich auf das für dich Wesentliche zu fokussieren. Und er ermahnt dich, nur solche Entscheidungen im Leben zu treffen, die mit deiner eigenen Wahrheit im Einklang sind.

In diesem Moment deines Lebens ist völlige Aufrichtigkeit gefragt. Im alten Griechenland galten Raben als Sendboten der Götter. Aufgrund ihrer scharfen Augen wurden sie als Verkünder der Wahrheit angesehen. Die Seele liebt die Wahrheit. Welche Einstellung hast du deinem Leben gegenüber? Sei ehrlich, und sprich aus deinem Herzen. Höre auf wahrhaftige und aufrichtige Menschen in deinem Umfeld, aber halte dich fern von denjenigen, die sich verschlossen oder heuchlerisch verhalten.

Das Schwierigste daran, die eigene Wahrheit zu leben, ist, zu wissen, wie genau diese aussieht. Trotzdem gibt es in deinem Inneren eine Instanz, die weiß, was echt ist und was nicht. Lasse Begebenheiten und Personen zurück, denen gegenüber du nicht vollkommen ehrlich sein kannst, weil du befürchtest, von ihnen verurteilt oder nicht akzeptiert zu werden. Es kann einige Zeit in Anspruch nehmen, herauszufinden, was für dich stimmig ist, doch sobald du es weißt, lasse in deinem Leben all das los, was nicht authentisch ist. Wenn du dich darauf besinnst, echt zu sein, werden Wunder geschehen.

Der Rabe gilt außerdem als das Totemtier und der Beschützer der Feenkönigin.

Die Botschaft des Raben lautet:

◆ ◆ ◆

»Die Seele liebt die Wahrheit.
Ergründe, was für dich wahr ist, und sei aufrichtig.
Lebe deine Wahrheit, und folge furchtlos deinem Weg.
Höre auf deine innere Führung.
Lege ab, was nicht authentisch und echt ist.
Sei ein leuchtendes Beispiel
der Wahrhaftigkeit für andere.«

◆ ◆ ◆

REGENBOGENWASSERFALL – WUNDER

Ein Wasserfall ergießt sich glitzernd in einen kristallklaren See inmitten einer farnbestandenen Lichtung. Über dem Teich schimmert ein Regenbogen, der sich verschwommen auf der Wasseroberfläche spiegelt. In allen funkelnden Farben geschmückte Feen und Elfen schauen zwischen den Farnen hervor. Schmetterlinge streifen im Sturzflug das Wasser, wobei ihre Flügel im Sonnenlicht in allen Farben schillern.

Der Regenbogen nach einem Unwetter steht für Hoffnung und das Versprechen einer freudigen Zukunft. Sei dir nun gewiss, dass die Geschenke des Universums in dein Leben fließen. Dies ist deine Zeit! Lege Ängste und Zweifel ab. Alles ist in Ordnung.

Du brauchst nicht mit allem allein klarzukommen. Gib dem Schöpfer die Gelegenheit, einzuschreiten und Herausforderungen für dich auf zugleich rätselhafte wie wunderbare Weise zu lösen. Manche glauben, dass ein Regenbogen für das kosmische Versprechen steht, dass sich alles zum Guten wendet. Mache dir bewusst, dass das Leben ein Wunder ist.

Da der Regenbogen alle Farben und Spektren des elektromagnetischen Feldes beinhaltet und Wasser das Element der Gefühle und Emotionen ist, öffnet sich dein Herz immer weiter. Deine Kraft, Liebe zu geben und zu empfangen, nimmt zu.

In Legenden ist vom Gold am Ende des Regenbogens die Rede. Der Regenbogen verheißt also bevorstehenden Reichtum. Beschränke die Möglichkeiten, wie Wunder in dein Leben treten können, nicht durch konkrete Erwartungen an ihr Eintreten. Feiere die Wunder, die dir begegnen, und seien sie auch noch so klein.

Die Botschaft des Regenbogenwasserfalls lautet:

◆ ◆ ◆

»Jeden Tag ereignen sich um dich herum Wunder. Halte nach ihnen Ausschau, und heiße sie willkommen. Lege Zweifel und Ängste ab. Wenn du die kleinen magischen Momente des Lebens wahrnehmen und bejahen kannst, werden sich dir größere Wunder auf spektakuläre Weise zeigen. Sei bereit, sie zu empfangen.«

◆ ◆ ◆

SCHMETTERLING – TRANSFORMATION

Im Heiligen Wald kannst du sie schon vor ihrer Ankunft hören. Lausche … dem Gesang der Schmetterlinge. Ihre Melodie folgt ihnen in Bändern schimmernden Lichts nach, und das Flattern ihrer hauchzarten Flügel bildet ein Meer aus Klängen, Farben und Entzücken. Magie ist am Werk.

Wenn du diese Karte erhältst, durchläufst du eine gewaltige Veränderung, befindest dich am Anfang, in der Mitte oder am Ende eines Wandlungsprozesses. Alte Strukturen, einengende Glaubensmuster und Ansichten fallen von dir ab, um Lebensfreude und neuen Wegen Raum zu geben. Halte nicht an ihnen fest, und schon bald wirst du die Welt mit frischen Augen sehen.

Vielleicht bist du verwirrt, weil es dir so vorkommt, als wärst du in trüben Gewässern und alles um dich herum wäre in Auflösung begriffen, aber das sind nur Erscheinungen des Klärungsprozesses, der kurz vor einer Erneuerung stattfindet. Sei dir gewiss, dass du geschützt bist, während sich um dich herum Veränderungen ereignen. Es geschieht alles zu deinem besten Wohl.

Der Schmetterling ist ein mächtiges Sinnbild der Transformation. Um Flügel zu erhalten, muss die Raupe sich in einen Kokon einspinnen. Dann lösen Enzyme ihre innere Struktur auf, um schließlich die Verwandlung in ein ganz neues Geschöpf zu ermöglichen. Entspanne dich daher – in deine Veränderungen hinein. Du wirst pulsierende Energie in die Welt tragen.

Die Botschaft des Schmetterlings lautet:

◆ ◆ ◆

»Die Vergangenheit liegt hinter dir.
Alles wandelt sich. Beginne jetzt einen neuen Zyklus bzw. ein neues Projekt, und wenn du achtsam bist, kann sich Wunder auf Wunder ereignen.«

◆ ◆ ◆

SPIEGELSEE – RUHE

Auf weichem Moos stehst du am Rand des Waldsees und kannst darin dein Spiegelbild erkennen. Da kräuselt eine sanfte Brise die Wasseroberfläche. Das Bild verschwimmt und verändert sich, nur um gleich darauf wiederzukehren, als die Luft sich nicht mehr regt. In der Stille dieses Moments schöpfst du aus deiner inneren Kraftquelle. Du beobachtest, wie dein Spiegelbild sich verändert und dich in deiner höchsten Entwicklungsstufe zeigt. Welche Schönheit, welche Anmut!

In der Ruhe erwächst dir Kraft. Versenke dich in deine heilige innere Wahrnehmung, um das Zuhause deiner Seele zu entdecken. In der tiefen, friedvollen Stille kannst du die Wahrheit deines Seins finden.

Wenn du unter Schmerzen leidest, begib dich in die Ruhe, bis du die Quelle findest. Widerstehe der Verlockung, dich Gefühlen der Überwältigung, Dringlichkeit und Not hinzugeben. Es gibt stets eine höhere Wahrheit – finde sie heraus! Deine Seele liebt das Echte und Aufrichtige.

Aus der Stille steigt die Wahrheit empor. Kehre der Hektik und dem Geschwätz des Alltags den Rücken, und finde zur Ruhe. Lasse die Wirren der äußeren Welt an dir abperlen wie Wasser am Gefieder eines Schwans. Gib dich ganz hin. Suche die Einsamkeit, um die Stimmen der Geistigen Welt zu hören, und du wirst Gelassenheit erlangen.

Die Botschaft des Spiegelsees lautet:

◆ ◆ ◆

»In der Ruhe wirst du den Wohnort deiner Seele entdecken. Nimm dir Zeit, in die Stille zu finden, und ein großer Schatz an Einsichten wird in dir emporsteigen. Sei in den aktuellen Situationen deines Lebens zurückhaltend. Lasse dir Zeit, nachzudenken, bevor du reagierst.«

◆ ◆ ◆

STEINKREIS – ÜBERGANG

Bei einem Spaziergang stößt du im Zentrum des Sacred Forest auf aufrecht stehende Steine, die in einem Kreis angeordnet sind. Dir ist bewusst, dass du nicht leichtfertig in diesen geweihten Kreis hineingehen darfst. Ihn zu betreten, ist ein Akt der Macht. Erfüllt von Feierlichkeit und Anmut schreitest du in die Mitte. Schlagartig nimmst du eine Veränderung in dir wahr. Es ist, als hätten sich die Schleusen deiner Seele geöffnet und als würdest du kosmische Informationen empfangen.

Viele glauben, dass Steinkreise Stätten sind, die es einem ermöglichen, zu spirituellen Reisen von einer Welt in eine andere aufzubrechen. Sie markieren auch den Übergang von einer Lebensphase in eine andere. Denke immer daran, dass du unvergänglich bist, auch wenn das Leben sich verändert. Feiere alle Übergänge im Leben, und du wirst tiefe Harmonie empfinden.

Eine Reise des Herzens und der Seele liegt vor dir. Diese Reise kann spiritueller oder auch physischer Natur sein. Auf jeden Fall handelt es sich um eine Art mystische Pilgerfahrt. Habe Mut. Ein großes Schiff kann geschützt in einem Hafen vor

Anker liegen, aber dafür wurde es nicht erbaut. Sei willens, die Segel zu setzen und auf das offene Meer hinauszufahren. Vielleicht werden die See rau und die Winde stark sein, doch du bist in Sicherheit und geschützt. Der Steinkreis wird dich genau dorthin bringen, wohin du reisen musst.

Seit den frühesten Tagen der Menschheit wurden Steinformationen errichtet, um Stätten für Zeremonien und die Verehrung des Göttlichen zu erschaffen. Archäologen haben einige Setzungen gefunden, die von 4000 v. Chr., aus der Jungsteinzeit, stammen. Die Menschen dieser Zeit hinterließen keine Schriftzeugnisse, aber ihre Steinkreise (zuweilen oval oder hufeisenförmig) und Kunstwerke legen nahe, dass sie an diesen zeremoniellen Versammlungsorten religiöse Rituale abhielten.

Die Botschaft des Steinkreises lautet:

◆ ◆ ◆

»Dir steht eine mystische Pilgerreise bevor.
Tiefe Erkenntnisse wollen von dir entdeckt werden.
Du bist in Sicherheit.«

◆ ◆ ◆

STERNENKLARE NACHT – SELBSTANNAHME

Über dir leuchten durch das Geäst der Kiefern hindurch hell Abertausende von Sternen. In der Ruhe der Nacht kannst du zarte Gesänge vernehmen: Jeder Stern singt seine eigene Melodie, und alle Töne vereinen sich zu einem herrlichen Lied. Du bemerkst, wie sich dein Gemüt erhebt, während dieser kosmische Lobgesang auf dich herabrieselt.

Du weißt, dass du einen einzigartigen und besonderen Platz auf Erden einnimmst. Lasse es zu, dass die Segnungen des Schöpfers dich erfüllen. Du bist ganz und gar würdig, diese Gnade und noch vieles mehr zu empfangen. Nimm dich mit all deinen Facetten an, und stehe zu deiner Größe.

Es wird Zeiten geben, in denen es dir nicht leichtfällt, dich selbst voll und ganz so anzunehmen, wie du bist. Wenn du jedoch nicht jede deiner Facetten wertschätzt, dann entsagst du der Fülle des Lebens. Es gibt keine falschen Erfahrungen ... jede einzelne ermöglicht dir spirituelles Wachstum.

Manche Menschen sagen, dass sie niemals die dunklen Taten hinnehmen könnten, die hier auf

Erden begangen worden sind. Das ist auch nicht erforderlich, denn einige Geschehnisse sind schlicht falsch. Unabhängig davon wird es dir nur dann möglich sein, mehr Licht in die Welt zu bringen, wenn du dich zuvor mit allem, was dich ausmacht, akzeptierst. Die Anteile von dir, die du verleugnest, bestimmen dein Leben. Je umfassender du dich selbst annimmst, desto mehr wirst du Erfüllung finden und in deine Lebenskraft kommen.

Die Botschaft der sternenklaren Nacht lautet:

◆ ◆ ◆

»Heiße deine innere Größe willkommen.
Stehe zu dir mit all deinen Facetten.
Jeder Augenblick des Lebens ist kostbar,
auch wenn es nicht den Anschein hat.
Vergib dir und anderen. Bejahe alles,
was dir das Leben gegeben hat,
und Harmonie wird folgen.

◆ ◆ ◆

TEMPEL DES WALDES – ERLEUCHTUNG

Zarte Gesänge erfüllen den Wald. Du folgst ihnen und betrittst einen gewundenen Pfad, der zu einer Lichtung führt. Dort entdeckst du den Tempel des Waldes. Als du dich ihm näherst, spürst du, wie die Gesänge tief in deine Seele dringen. Etwas in dir scheint sich zu bewegen. Alles ist, wie es war, aber zugleich irgendwie verändert.

Meditiere über das Licht – in dir und um dich herum. Verbinde dich mit der Allgegenwart des Göttlichen. Gerade jetzt erweitert sich dein Bewusstsein. Deine Gabe, die Welt zu verstehen, wandelt sich. Immer besser bist du in der Lage, die Begebenheiten von allen Standpunkten aus zu betrachten, und das bereichert alle Facetten deines Lebens.

Diese Karte kann dir auch anzeigen, dass du die Welt aktuell nur aus deinem persönlichen Blickwinkel wahrnimmst, was deine Optionen drastisch einschränkt. Eine einseitige, starre Perspektive auf das Leben ist in der Lage, den Zustrom von Licht und Freude sowie die Verbindung zum Schöpfer komplett zu unterbrechen. Ein striktes Festhalten an deinen Vorstellungen kann wundervolle

Möglichkeiten daran hindern, in dein Leben zu gelangen. Sei bereit, dich außerhalb deines begrenzten Horizonts zu begeben und die Welt mit anderen Augen zu sehen. Dies wird dein Leben bereichern.

In Tempelstätten überall auf der Welt ziehen sich Eingeweihte von ihrer Umgebung zurück, um ihre Wahrnehmung der inneren Wirklichkeiten des Lebens zu erweitern. Während dieser Zeit des Rückzugs schärft sich die Intuition und wachsen die Heilkräfte. Licht strömt jetzt in dein Leben. Du wirst merken, dass sich mit jedem Schritt zur Erleuchtung deine begrenzte Selbstwahrnehmung zu einem kosmischen Bewusstsein hin entwickelt.

Die Botschaft des Tempels des Waldes lautet:

◆ ◆ ◆

»Sei wohlgemut, positive Veränderungen stehen an. Entspanne dich, fühle dich frei und unbeschwert. Deine Verbindung zur Geistigen Welt wird sich vertiefen. Alte Glaubensmuster darüber, wer du bist und was dir im Leben zusteht, vergehen und werden durch neue, unfassbare Möglichkeiten ersetzt.«

◆ ◆ ◆

UNWETTER – CHAOS

Ein gewaltiges Unwetter fegt über den Wald hinweg. Die Bäume biegen sich im Wind hin und her. Ein heftiger Regenguss prasselt dir auf Kopf und Schultern. Donnerschläge erschüttern die Erde, und wild verästelte Blitze erhellen den dunklen Wald.

Diese Karte zeigt an, dass Chaos vielleicht (oder notwendigerweise) ein Impuls für Heilung in deinem Leben sein wird. Chaos auf spiritueller Ebene gestattet es dir, ausgediente Glaubenssätze aufzulösen, sodass dich vitale, erfrischende Lebensenergie erfüllen kann. Solltest du gerade einen Umbruch erleben, dann sei dir gewiss, dass dessen Grundenergie eine heilsame ist. Heiße den Wandel willkommen, statt ihn zu verleugnen oder zu unterdrücken, und du wirst auf allen Ebenen Heilung erfahren.

Es ist natürlich wichtig, dass du dir auch Zeit nimmst, die Ruhe im Sturm zu finden. Halte dir aber vor Augen, dass Chaos viele wohltuende Aspekte birgt. Es kann deine kreativen Energien aktivieren. Sollte dein Leben zu ruhig sein oder sogar stagnieren, dann ist es vielleicht an der Zeit, etwas Chaos in ihm zu entfachen. Probiere aus, Dinge auf andere Weise anzugehen, weiche von eingefahrenen Abläufen ab: Bist du zum Beispiel immer frühzeitig vor Ort, komme deutlich später. Unter der Oberfläche finden tiefgreifende Verschiebungen und Veränderungen statt.

Viele gehen davon aus, dass aus einem gewaltigen Unwetter nichts Gutes entstehen kann, doch jeder Aspekt der Natur hat seinen Wert. So bieten etwa umgestürzte Bäume Lebensraum für viele Tierarten. Blitze wiederum helfen, den Boden fruchtbar zu machen: In einem Blitz ist genügend elektrische Energie enthalten, um Stickstoffatome aus der Luft freizusetzen. Diese gelangen mit dem Regen in den Boden und verbinden sich dort mit Mineralien zu Nitraten, einem Düngemittel. Halte also in Umbruchsituationen immer nach dem Silberstreif am Horizont Ausschau.

Die Botschaft des Unwetters lautet:

◆ ◆ ◆

»Wirf überkommene Denkweisen und
selbst auferlegte Blockaden über Bord.
Reiße die Mauern selbst errichteter Beschränkungen
nieder. Begib dich in das Chaos, und umarme es,
statt zu versuchen, es zu unterdrücken.
Tue das Unerwartete.«

◆ ◆ ◆

URALTE EICHE – KRAFT

Du gehst auf leisen Sohlen durch den Wald und kannst die tiefe und sonore Stimme der Eiche hören. Spricht die große Eiche, dann wird alles im Wald still und lauscht. Obwohl du dir dessen vielleicht nicht bewusst wirst, sickern ihre kraftvollen und tiefgründigen Botschaften in deine Seele. Du kannst sie im Innersten deines Seins erspüren.

Diese Karte fordert dich auf, für deine eigene Wahrheit einzustehen. Sie ist ein Zeichen dafür, dass du in deine Kraft kommen musst, oder aber dafür, dass du auf eine bestimmte Situation mit zu viel Stärke reagierst. Führe dir vor Augen, dass ein flexibler Weidenzweig sich dem Sturm beugt, aber ein starrer Eichenzweig von ihm abgebrochen wird. Das Erscheinen der uralten Eiche kann auch eine mystische Erfahrung ankündigen.

Die uralte Eiche ist eine Erinnerung an die dir innewohnende Quelle der Kraft. Der Baum symbolisiert der Tradition nach Ausdauer, Kraft, geheimes Wissen, Mut und eine edle Wesensart. Mache dir bewusst, dass innere Stärke bedeutet, wahrhaftig zu sein ohne Täuschung oder Übertreibung. Sie bedeutet zudem, vollkommen authentisch zu sein, selbst wenn sich alle gegen einen zu stellen scheinen. Die Eiche muss ihre Kraft nicht erklären – sie ist einfach.

Es mag sein, dass es ein Hindernis in deinem Leben gibt oder bald geben wird. Sammle jetzt deine inneren Kräfte, um es zu bewältigen.

Diese Karte verheißt Glück. Sollte dir die Erfüllung eines Traums verwehrt geblieben sein, sei dir gewiss, dass du die Standhaftigkeit hast, deine Ziele noch zu erreichen. Die Geistige Welt steht dir hilfreich zur Seite. Vertraue auf deine innere Stärke. Was derzeit noch ein Hindernis ist, wird sich bald als Sprungbrett zu deinem Erfolg erweisen.

Die Botschaft der uralten Eiche lautet:

◆ ◆ ◆

»Du bist unermesslich weise und stark.
Stehe dort, wo du bist, fest und verwurzelt.
Sei wahrhaftig. Du wirst von deiner Intuition
in die richtige Richtung geführt.«

◆ ◆ ◆

VERZAUBERTE FARNGROTTE – ZUFLUCHT

Magie ist überall in dieser Grotte zu spüren. Lange Lichtstrahlen fallen durch die darüber liegenden Baumkronen herein. Unzählige Farne tauchen die Höhle in lebhafte grüne Farbtöne, und das Plätschern eines kleinen Wasserfalls klingt wie ein kristallenes Glockenspiel. Hier bist du in Sicherheit, das weißt du.

Es ist an der Zeit, in dich zu gehen. Suche deinen inneren Zufluchtsort auf. Beratschlage dich, und denke nach. Wenn du dich zurückziehst, kannst du wieder die Stimme deiner Seele hören. Vielleicht musstest du dich zuletzt sehr anstrengen oder kämpfen, um am Ball zu bleiben, doch jetzt gilt es, in die Ruhe zu finden und deine innere Welt zu nähren. Schöpfe Kraft aus deiner inneren Quelle.

Bedenke Entscheidungen, die du jetzt zu treffen hast, sorgfältig. Falls du kannst, verschiebe sie lieber. Jetzt ist kein guter Zeitpunkt, Beschlüsse zu fassen, die dein Leben grundlegend verändern. Errichte dir stattdessen in Ruhe eine solide Basis für die Zukunft. Ziehe dich zurück, und sinne über deine wahren Herzenswünsche nach. Wenn du Pläne schmiedest, gehe mit Sorgfalt und Bedacht vor. Lausche deiner inneren Führung.

Farngrotten verbreiten eine Atmosphäre des Friedens. Viele davon gelten als magische Orte, vielleicht sogar als Heimstätten der Feen und Elfen. Lasse dich von der Energie dieses gesegneten Ortes erfüllen. Sei dir gewiss, dass du hier ganz du selbst sein und wirklich entspannen darfst.

Die Botschaft der verzauberten Farngrotte lautet:

◆ ◆ ◆

»Ziehe dich zurück, und fülle deine
inneren Energiespeicher wieder auf.
Jetzt ist nicht die Zeit des Handelns,
sondern des Ersinnens neuer Ideen für die Zukunft.
Komme zur Ruhe. Die Antworten finden sich in dir.
Überall um dich herum ist Magie.«

◆ ◆ ◆

Verzauberte Wiese – Heiligtum

Die Tiere und mystischen Kreaturen des Heiligen Waldes wissen, dass die Wiese inmitten des Waldes ein sicherer Ort zum Entspannen und Wohlfühlen ist. Auf diesem leuchtenden Grün sind häufig Wesen aller Art versammelt: etwa Rehe, die sich neben schlafenden Bären eingerollt haben, Füchse, die Seite an Seite mit Kaninchen faulenzen, oder auch Einhörner, Feen und Elfen. Als du diesen verzauberten Ort betrittst, fühlst du dich sofort entspannt, energiegeladen und klar.

Das Erscheinen dieser Karte ist eine Erinnerung für dich: Erneuere deine Reserven. Es ist an der Zeit, dich wieder mit neuer Energie aufzuladen und dich um deine eigenen Bedürfnisse zu kümmern. Betreibe intensive Selbstfürsorge! Schütze dich vor allen Einflüssen auf dein Leben, die nicht wirklich positiv sind.

Du bist aufgefordert, Schutz zu suchen. Ziehe dich in dein Zuhause zurück, oder verbringe (zusammen mit anderen) Zeit an Orten, an denen du dich heimisch fühlst. Setze Dinge instand, verwalte deine Besitztümer, und pflege deine Beziehungen. Es besteht die Aussicht auf gewaltige Energieschübe in der Zukunft, aber wenn du jetzt die Zeit nicht nutzt, dich um dich zu kümmern und Grundlagen zu schaffen, dann kann es geschehen, dass du von alldem überwältigt wirst und die Möglichkeiten ungenutzt vorübergehen lässt, die dir andernfalls zur Verfügung stünden.

Diese Karte kann auch für eine nahe Zeit der Blüte und Entfaltung stehen. Heilsame Energien nehmen zu, schöne Dinge stehen bevor. Dir wird Erfolg blühen.

Die Botschaft der verzauberten Wiese lautet:

◆ ◆ ◆

»Schöpfe Energie aus der Quelle in dir.
Sei anderen eine Zuflucht. Gehe in dich,
und lausche der Stimme deiner Seele.
Nimm deine innere Führung in Anspruch.
Falls du dich mit Problemen oder Schwierigkeiten
auseinandersetzen musst, gönne dir eine Auszeit …
ziehe dich zurück, ruhe aus, entspanne dich.
Vielleicht brichst du sogar zu einer Urlaubsreise
oder einem Retreat auf.«

◆ ◆ ◆

Waldnymphe – Schönheit

Sie wirken zart, zerbrechlich und scheinen zu leuchten: Drei Waldnymphen, die auch die »Königinnen des Waldes« genannt werden, liegen ausgestreckt im Moos am Fuß eines Baums und baden im Mondlicht. Ihre hauchdünnen, fließenden Gewänder funkeln und schimmern, als wären sie aus Licht gefertigt. Die Träume und Visionen der Nymphen schweben als transparente Bilder über ihnen in der Luft.

In dir erwächst strahlende, herrliche Schönheit. Lasse sie dein Leitstern sein. Was du mit deinen Sinnen als schön wahrnimmst, wird dich stärken und nähren. Deine Fähigkeit zur tiefgründigen Wahrnehmung deiner Umgebung steht in direktem Zusammenhang mit einem außerordentlichen und reichen Lebensweg. Schaffe Harmonie und Frieden in deinem Zuhause. Selbst kleine Dinge können einen Unterschied machen, etwa eine Vase mit Blumen oder ein duftendes Bad bei Kerzenschein. Entspanne dich, und umgib dich mit Komfort und Eleganz.

Je besser du Schönheit erkennst – in deiner Umgebung, in dir selbst, in anderen –, desto mehr wird sie dein Leben erfüllen. Du bist wahrhaftig absolut hinreißend und liebenswert. Wenn du dich selbst wertschätzt, wird das Leuchten um dich herum zunehmen.

Die Nymphen der alten griechischen Sagen sind wunderschöne übernatürliche Wesen des Waldes. Das Erscheinen der Karte zeigt an, dass sowohl deine innere als auch deine äußere Schönheit zunehmen werden. Es gibt viele Berichte von Reisenden, die durch einen Wald spazierten und dabei Waldnymphen erblickten, die in einer Grotte, an einem Bach oder einem See im Sonnenlicht badeten, sangen und tanzten. Folge dem Beispiel der Nymphen: Entspanne dich, verbringe Zeit in der Natur, und singe und tanze auch du vor Freude.

Die Botschaft der Waldnymphe lautet:

◆◆◆

»Beachtenswerte spirituelle Schönheit erwächst in dir. Werde dir der Schönheit, die dich umgibt, bewusst, und unvergleichliche Pracht wird sich in dir ausbreiten. Schaffe Schönheit in deinem Zuhause, selbst im ganz Kleinen, und du wirst innere Anmut ausstrahlen.«

◆◆◆

WASSERGEIST – TRÄUME MANIFESTIEREN

Am glitzernden Waldbach beobachtest du einige Otter. Sie stürzen sich ins kalte Wasser, tauchen auf, eilen zurück ans Ufer und stürzen sich wieder ins Wasser. Kleine Otter, große Otter, Otter aller Größen nehmen an diesem Spaß teil. Der Bach scheint angesichts ihrer Possen zu lachen.

Deine Träume können wirklich in Erfüllung gehen! Dafür sind allerdings noch ein paar Schritte erforderlich. Zuallererst glaube daran, dass du es verdienst. Sei dir gewiss, dass du würdig bist! Dann verhalte dich so, als ob deine Träume bereits wahr geworden wären. Bewege dich wie jemand, dessen Wünsche sich manifestiert haben. Das Wichtigste ist jedoch, dass du für die Verwirklichung deiner Träume in Aktion trittst. Herumzusitzen und darauf zu warten, dass sich die Dinge entwickeln, ist jetzt fehl am Platz.

Verschenke freigiebig und von Herzen von dem, was dich ausmacht. Je mehr du gibst, desto mehr wirst du erhalten. Lasse deine Gefühle und Emotionen fließen. Verdränge oder unterdrücke nicht die Wahrheit deiner Seele. Wenn du dich auf die

Dankbarkeit für das, was du bereits hast, ausrichtest, werden Freude und Fülle in deinem Leben zunehmen.

Wasser steht traditionell für die Welt der Gefühle und Emotionen. Ein Zuviel an Emotionen kann zu Erschöpfung, ein Zuwenig zu innerer Leere führen. Wenn deine Emotionen wie ein klarer Gebirgsbach dahinfließen, dann bist du an einem Wendepunkt angekommen, und es gilt, deine Absichten und Träume deutlich zu machen. Die Kräfte des Universums werden reagieren und deine Träume in Erfüllung gehen lassen.

Die Botschaft des Wassergeistes lautet:

◆ ◆ ◆

»Wasser bewegt sich in Kreisläufen.
Auch du befindest dich aktuell in einem Kreislauf:
dem des Manifestierens deiner Träume.
Störe den Fluss des Lebens nicht durch Zweifeln
oder Zögern. Lasse deine Emotionen sich
frei entfalten. Timing ist alles,
und jetzt bist du am Zug.«

◆ ◆ ◆

WEIDE – FLEXIBILITÄT

Am Rand des Waldteiches steht ein großer Weidenbaum. Seine Äste berühren sanft das Wasser. Wenn Wind aufkommt, wiegen diese sich wie eine mystische Tänzerin hin und her. Die herabhängenden Blätter flüstern träge Zeichnungen auf die Wasseroberfläche.

Diese Karte ermutigt dich, flexibler zu sein. Sei willens, dich den Umständen zu beugen oder ihnen nachzugeben. Es liegt große Stärke darin, dies bewusst zu tun – es ist kein Verrat an deinen eigenen Vorstellungen. Wenngleich es Zeiten gibt, in denen man standhaft bleiben sollte, liegt zuweilen die größere Tapferkeit darin, sich einer Begebenheit nicht zu stellen, sondern sie zu umgehen. Indem du dich anpassungsfähig zeigst, kannst du dort erfolgreich sein, wo es jemand mit Sturheit nicht ist. Bei rauen Winden kann eine mächtige Eiche brechen, wohingegen eine Weide sich ohne Schaden biegt. Passe dich dem Leben an, statt mit ihm zu kämpfen. Gib dich hin. Wie eine Weide Stürme überleben kann, so kannst du die Herausforderungen des Lebens bestehen.

Viele Legenden ranken sich um den Weidenbaum. Häufig wird er mit Göttern und Göttinnen in Verbindung gebracht, etwa mit Hekate, Artemis und Merkur. Im alten Athen war es ein Ritual der Priester des Äskulap, Weidenzweige in den Tempeln aufzustellen, um göttliche Heilkräfte wirken zu lassen. Auch den Dichtern war die Weide heilig, denn es hieß, dass der Klang des durch die Weide hindurchwehenden Windes die poetische Ausdruckskraft steigere. In keltischen Überlieferungen galt die Weide seit jeher als der Baum der Träume, der Inspiration und der Verzauberung.

Die Botschaft der Weide lautet:

»Sei flexibel. Entscheide dich,
dich lieber zu beugen als zu brechen.
Sei Veränderungen gegenüber offen,
und du wirst dich auf wundervolle
Weise entwickeln.«

Weise Frau des Hains – Gnade

Die weise Frau des Hains tritt auf dich zu und überreicht dir eine kunstvoll geschnitzte Holzkiste mit den Worten: »Dies ist mein Geschenk für dich. Bewahre es wohl.« Behutsam öffnest du die Kiste. Darin ruht ein perfekt geschliffener Rubin. Das Licht bricht sich darin. »Dieser Stein ist ein Freudenbringer«, fährt sie fort. »Wenn du ihn an dein Herz hältst, wird um dich herum jedes Wesen Entspannung und die Freude des Augenblicks finden. Freude ist das größte Geschenk, das du jemand anderem machen kannst. Es ist ein Geschenk der Gnade.«

Wenn dich diese Karte erwählt, dann steht dir eine bemerkenswerte Zeit der Leichtigkeit, Weisheit, Heilung, Freude und Inspiration bevor. Deine Fähigkeit, die Stimmen der Geistigen Welt zu vernehmen, wird sich schnell erweitern. Hüter wachen voller Liebe und Freundlichkeit über dich. Sich im Zustand der Gnade zu befinden, bedeutet, von den göttlichen Kräften gesegnet zu sein.

Gnade kann sich darin ausdrücken, dass du so viel innere Größe besitzt, dass du nicht auf deiner Meinung bestehst, selbst wenn du weißt, dass sie vollkommen richtig ist. Du bist bereit, die Sache fallen zu lassen – in dem Wissen, dass es im Großen und Ganzen nicht sonderlich bedeutsam ist. Außerdem kennt der Schöpfer die Wahrheit der Begebenheit, auch wenn es die anderen nicht tun. Es gibt auch Momente im Leben, in denen man gnadenlos ehrlich sein muss, aber dieser Augenblick gehört nicht dazu. Sei diplomatisch und gütig in deinen sozialen Interaktionen, sprich liebevoll und mit Freundlichkeit.

Die Botschaft der weisen Frau des Hains lautet:

◆ ◆ ◆

»Du darfst dich entspannen und loslassen,
dein Weg ist behütet. Deine spirituelle Größe reift,
das Wesen der Gnade entfaltet sich in dir.
Ehre mit Freundlichkeit die Wahrheit anderer,
selbst wenn du ihre Meinung nicht teilst
oder es besser weißt.
Der Schöpfer kennt die Wahrheit.«

◆ ◆ ◆

WOLF – FAMILIE

Auf einem Bett aus weichem Moos hältst du ein Nickerchen. Da stupst dich eine feuchte Schnauze an. Du öffnest deine Augen und erkennst, dass der Blick eines riesigen Wolfes auf dir ruht. Als du dich aufsetzt, bemerkst du, dass sich um dich herum ein ganzes Rudel Wölfe niedergelassen hat. Du hast den Eindruck, vollkommen in Sicherheit zu sein … und seltsamerweise als Teil des Clans angenommen zu werden.

Deine Familie steht hinter dir. Für die einen begründet Blutsverwandtschaft die Familienbande, für die anderen sind die Freunde die eigentliche Familie. Wieder andere stellen fest, dass in Wirklichkeit die Verwandten in der Geistigen Welt ihre Familie darstellen. Wer (und wo) auch immer deine Familie ist, sie unterstützt dich genau jetzt. Du bist in Sicherheit.

Im Kreis deiner Familie kannst du vertrauensvoll deine Wahrheit zum Ausdruck bringen. Sei jetzt willens, dich zu erheben und mit anderen aus der Tiefe, aus der Mitte deines Seins heraus, zu sprechen. Das wird heilsam sein!

Über Wölfe haben viele Menschen falsche, stereotype Vorstellungen. Sie verstehen nicht, dass diese Tiere sich in hohem Maße sozial und loyal verhalten. Für einen Wolf bedeutet die Familie alles. Jedes einzelne Mitglied des Rudels hat seinen Platz in der sozialen Struktur des Clans. Wölfe verfügen außerdem über exzellente Kommunikationstechniken. Sie können auf vielfältige Weise ihre Stimme und auch ihre Körpersprache einsetzen, um sich ihrem Rudel mitzuteilen. Mitglieder eines Rudels stehen bereitwillig füreinander ein, und sie spielen gern miteinander, sogar noch als Erwachsene.

Die Botschaft des Wolfes lautet:

◆ ◆ ◆

»Überall um dich herum findest du Unterstützung,
selbst wenn sie dir nicht bewusst ist.
Befreie dich von dem Glaubensmuster, dass du die
Dinge auf dich allein gestellt bewältigen musst –
denn das musst du nicht. Jetzt gilt es, etwaige
Risse oder Gräben in deiner Familie zu heilen.
Ermutige die Mitglieder deines Seelenstamms,
deiner Familie und deiner Gemeinschaft, und lasse zu,
dass andere dich unterstützen.«

◆ ◆ ◆

Zauber des Mondlichts – Magie

Das Geheul eines Wolfes hängt in der Nachtluft. Der helle Schein des vollen Mondes badet den gesamten Heiligen Wald in silbernes Licht. Feen, Elfen und Naturgeister versammeln sich für eine ausgelassene Festnacht. Der Wald leuchtet vor Freude.

Überall um dich herum ist Magie. Die Schleier zwischen den Welten sind heute durchlässig. Feen, Elfen, Engel und Naturgeister sind nur einen Gedanken weit von dir entfernt. Dies ist ein von Zauber erfülltes Universum. Die Schlüssel, die seine Tore öffnen, liegen im Vertrauen. Vielleicht ist nicht alles so, wie es scheint. Du bist eingehüllt in die Magie des Universums, und der Mondschein schützt dich. Obwohl es dunkel ist, weist dir dieses Licht den Weg. Es fordert dich auf, deinen Gefühlen zu trauen. Du bist in Sicherheit. Selbst wenn du nichts sehen kannst, vertraue darauf, dass du auf mystische und wunderbare Weise von unsichtbaren Wesen unterstützt wirst – zu deinem besten Wohl.

Die Botschaft des Zaubers des Mondlichts lautet:

◆ ◆ ◆

*»Glaube an die Magie!
Du bist ein Wesen, dem von der Geistigen Welt
kraftvolle mystische Botschaften zugeraunt werden.
Lausche ihnen, lasse dir Zeit dafür.
Gestatte es der lichtvollen, empfangenden Energie
des Mondes, deine Kreativität zu erwecken.
Du wirst besondere Botschaften erhalten und
ein spiritueller Botschafter werden.«*

◆ ◆ ◆

ZAUBERER DES WALDES – FOKUS

Ein kleine Rauchfahne steigt in der Lichtung auf, und mit einem Mal verwandelt sich der Rauch in die Gestalt eines Zauberers. Er trägt einen langen grauen Bart, der ihm halb über die Brust reicht, und eine Robe, die in ständig wechselnden Grüntönen schillert und schimmert – von dunklem Smaragdgrün über helles Lindgrün bis hin zu der leuchtenden Farbe von Gras im Sommer. Der Zauberer beugt sich zu dir, senkt seine Stimme und spricht: »Dein Wunsch ist mir Befehl. Jedoch solltest du dir genau darüber im Klaren und darauf fokussiert sein, was du dir wirklich wünschst.«

Es gibt auf dieser Welt wahre Magie. Um sie jedoch zu erleben, musst du in der Lage sein, deine Absichten in Richtung deiner Träume zu lenken. Gedanken sind Objekte. Wenn du deine Gedanken auf das Gute richtest, wirst du weitere positive Erlebnisse und liebevolle Menschen in dein Leben ziehen. Wenn du deine Gedanken darauf richtest, was nicht funktioniert, wirst du dir noch mehr Herausforderungen erschaffen. Wenn dir die Richtung, in die du dich bewegst, gefällt, dann konzentriere dich auf deine Wünsche – nicht darauf, was du nicht möchtest.

Um innere Kraft aufzubauen, sammle deine Energie, und widme dich aufmerksam einer Sache. Reduziere zudem Aktivitäten, die für die Verfolgung dieses Ziels nicht wesentlich sind. Dann ist es nur noch eine Frage der Zeit, bis sich Wunder zu entfalten beginnen.

Die Botschaft des Zauberers des Waldes lautet:

◆ ◆ ◆

»Richte deine Aufmerksamkeit auf
das Erstrebenswerte, Liebevolle und Schöne,
dann werden sich diese Dinge in deinem Leben
manifestieren. Worauf du deinen Fokus richtest,
das erschaffst du. Bestimme jetzt genau eine Sache,
auf die du dich konzentrieren willst,
statt dich in vielen Projekten zu verzetteln.
Dann werden Wunder in Hülle und Fülle geschehen.«

◆ ◆ ◆

ÜBER DIE AUTORIN

Denise Linns persönliche Reise nahm ihren Anfang nach einer Nahtoderfahrung, als sie 17 Jahre alt war. Die ihr Leben verändernde Erfahrung und ihre bemerkenswerte Genesung führten sie auf eine spirituelle Suche. Diese brachte sie dazu, Heiltraditionen vieler Völker kennenzulernen, darunter die ihrer eigenen Vorfahren, der Cherokee, die der australischen Aborigines und die der Zulu in Bophuthatswana (in Südafrika). Sie ließ sich von einer Kahuna (einer hawaiianischen Schamanin) sowie von Reiki-Meisterin Hawayo Takata ausbilden. Sie wurde außerdem von einem neuseeländischen Maori-Stamm feierlich adoptiert und lebte mehr als zwei Jahre lang in einem Zen-buddhistischen Kloster.

Denise Linn ist eine international angesehene Lehrerin auf dem Gebiet der Selbstentwicklung. Sie verfasste 21 Bücher, die in 29 Sprachen übersetzt wurden, darunter den Bestseller »Sacred Space« (»Die Magie des Wohnens«) und den preisgekrönten Titel »Feng Shui for the Soul«

(»Feng Shui für die Seele«, bislang nicht auf Deutsch erschienen). Denise Linn wirkte weltweit in zahlreichen Dokumentarfilmen und Fernsehsendungen mit. Zudem ist sie die Begründerin der »Red Lotus Woman's Mystery School«, die professionelle Ausbildungsprogramme anbietet.

Auf Denise' Homepage (auf Englisch) erfährst du mehr über ihre Ausbildungsprogramme, Vorträge und viele weitere Angebote: www.deniselinn.com.

ÜBER DEN KÜNSTLER

Scott Breidenthal ist bildender Künstler und Grafikdesigner und betreibt seit vielen Jahren ein eigenes Studio. Er studierte am ArtCenter College of Design in Pasadena, Kalifornien. Derzeit erstellt Scott digitale Collagen für einige ausgewählte Kunden. In seiner Freizeit reitet er und betreibt »Team Roping« (eine Rodeo-Variante).

Du findest Scott Breidenthal auf Instagram unter @scottbreidenthal und auf seiner Homepage: www.scottbreidenthal.com.